大展好書 好書大展

大展好書 好書大展

8

實用女性學講座

解讀女人心

島田一男／著
李芳黛／譯

大展出版社有限公司

前言

從前一本書『女人心』出版至今，足足已有五個年頭，其間有些年輕朋友表示：「你這麼了解女人心，想必很受女人歡迎吧！」也有些女性不滿地說道：「雖然老師這麼了解女性，可是也不能如此毫不保留地將女性內在面表現出來啊！」

我不是花花公子，也不是女性專家，只是從一位心理學者的立場，明白道出親身經驗。事實上，本書受到許多男性支持。

在各方聲援鼓勵之下，我進一步從更日常化的小細節觀察女性，推出女人心續篇，亦即本書。

我所觀察的對象，包羅萬象，從教授、學生、店員、上班族、酒家女，甚至於黑社會中的女人都有。有人以羨慕的口吻說：「你在女子大學教書，每天被年輕女性包圍，真令人羨慕！」

世間人就是如此，往往只看見一件事的表面，就像你不是百貨業店員，你就無法瞭解在賣場工作的辛苦一樣，從與不同類型、業種、年齡層女性接觸中，我就像學生一般，不斷地學習我所不瞭解的層面。

其實人心就像一個「黑箱」，根本看不透，心理學便以某種條件為基礎，給予刺激，藉著其所產生的反應，推測這個黑箱的內容。

這麼說好像挺困難的，其實日常生活中每個人都做得到。例如一位平時不很熟的女職員，有一天突然對你表現出很親暱的態度，你當然就會思考為什麼對方會有這種轉變。反之，和你感情不錯的女朋友，忽然對你疏遠，你不也會想知道理由嗎？當你找出原因、理由，瞭解其心理動向之後，就算窺視「黑盒子」成功了。

但大部分的時候，你無法正確掌握對方態度轉變的原因，這就是女人心奧妙之處。於是，你只好從各種角度揣測她的心，但結果往往產生誤解。我們經常從社會新聞中看見男人因不瞭解女人心，痛苦之餘傷害女人的例子，其中最明顯的是，男人不能理解女人的行動及心理特質。本書以『女人心』為話題，並以具體方式表現的原因，也與此社會背景有關。

在閱讀各章之前，希望各位先看解說部分。大體而言，第一章是從女性無意識的動作、行為解讀女人心。第二章是從女性各種習慣瞭解女人心。第三章是著眼於言詞，從言語觀察女性內心。第四章是從女性喜好觀察其性格。第五章則從前四章不包含的女性態度瞭解女人心。

當然，這五個側面並非涵蓋所有掌握女人心的方法，坦白說，女人心是個無底洞，我們只能儘量從各種層面解讀女人心。

希望男性們能以紳士的精神與態度，充滿自信地與情人、妻子、女同事交往，這正是筆者最衷心期盼的一件事。

島田一男

目錄

第二章　從習慣解讀女人心

第三章 從言語解讀女人心

第四章 從嗜好解讀女人心

第五章 從態度解讀女人心

第一章 從動作解讀女人心

《本章摘要》

現代心理學的武器「身體語言」

動物從狹義而言，不具語言能力，當傳達意思時，只能依賴叫聲或動作（？）狗搖尾巴、貓將毛倒立就是最佳例子。

人具有語言手段，但也能依動作的輔助手段，交換更正確的意思。

這種人類的動作稱為「身體語言」，從一九七〇年左右開始成為研究學問領域。我們常說「眼睛會說話」，任何人都知道非言語交流比言語交流來得重要，「身體語言」只不過是將大家所熟悉的動作交流，進行更細緻分析的體系而已。

但要瞭解「身體語言」必須注意到一件事，那就是「身體語言」依國家、地方的文化、風俗而異。

幾年前出版的一本以美國為主題的『身體語言』讀物，就有如下插曲：

一位住在美國某個小鎮的青年艾瑞，到住在大都市的好友泰德家遊玩。有一夜，艾瑞往泰德家途中，目光被一位邊走邊扭腰的美女吸引住，艾瑞覺得她的動作極具挑逗之意。

於是艾瑞鼓起勇氣，上前和美女搭訕，結果美女理都不理他，為什麼呢？

好友泰德說明理由：

「西班牙語系的國家，年輕女孩出門都一定有人跟在後面，這是一種社會教養習慣，由於這種文化背景，所以女孩子們根本不擔心男子上前搭訕，安心地搖曳生姿而行——。」

不瞭解此事的艾瑞，以自己所在地的「常識」誤認為對方在向自己示好——。

即使相同動作，但不同國家、文化、風俗之地，就具有不同意義。

女人本意表現於動作

西方女性重複穿鞋、脫鞋的動作，代表想和男性發生性行為之意，但在本國如果以相同意義解釋，恐怕就會發生像艾瑞那樣的窘況。穿鞋、脫鞋的動作，的確是放鬆的證據，但性慾暗示是指進屋時不脫鞋的西方習慣，脫鞋便被視為想上床之意。

但這種習慣在本國就不適用。中國女性自古以來就被要求不將悲喜形於色，這是一種美德，古時候女子不可在閨房大聲說話，他們必須壓抑自己的情緒。

但近來情況不同了，西方文化不斷輸入東方，舊道德觀逐漸被推翻，從男性方面而言，解讀女人心已經不再像從前那麼困難。

一般而言，言語是理性的表現，而動作則比較屬於感情表現，而且女人比男人受無意識支配多，所以更需要從動作探求「本意」。

例如，說話當中女性頻頻摳鼻子，或讓寵物坐在自己膝上的動作，代表什麼意義？這些各位將在本文中找到答案。

此處只希望各位瞭解，女性從無意識動作中表露本性的機會很多，而且平常愈是以理性防禦自己的女性，愈容易以動作表現本心。

本章將告訴你，如何從女性的動作、行為發現女人本心。

1 女人獨自出外旅行時

經常看見身穿最新流行服飾的年輕女性，獨自站在風景區某飯店前——日暮之時，他們錯過了最後一班車。現代女性，尤其是經濟上有餘裕的女性們，總喜歡在休假日赴外地旅遊。

其中有一些喜歡獨自出外旅遊的女性，他們多半屬於浪漫的逃避現實型。旅行通常是以放鬆心情、轉變氣氛為目的，一人旅行表示這種傾向更徹底，希望自由自在地不受牽制、不被監視。

在過膩了單調生活，或遭遇什麼傷心事，使生活頓失意義之際，女性通常會獨自出遊逃避現狀。

2 想整理別人桌子的女性

女職員將公司整理得乾乾淨淨、插花裝飾，對男性職員而言並非什麼壞事。但其中有些女職員所為超越必要程度，即使在上司眼中是「難得的女子」，但在男同事看來都是找麻煩。事實上，這種「難得女子」的行動內面隱藏著孤獨感，由於沒有知心朋友，感覺被排斥於外，所以想與更多人接觸，希望他人向自己說聲「謝謝！」刻意以行動向他人示好。

在被感謝的瞬間，孤獨感得以解除，享受與人接觸的幸福感，而這種短暫的幸福感也正是妳重複「難得行為」的原因。

這種女性不限於年輕人，在主婦之間也常見。在聚會上，有些婦女以熱心的態度表現出自己「很行」，這種表現必要程度以上好意的女性，事實上是希望自己的好意能得到對方善意的回應，亦即從「施與受」的原理中掌握人際關係。

這種要求反向給付的女性，事實上並沒注意到自己被孤立的原因。

3 二、三位女性在街頭閒逛

獅子、豹等肉食猛獸類，幾乎都是一隻隻過著獨立生活，他們不斷地向獵物挑戰。另一方面，羊群、鹿群等沒有攻擊性的動物，則是成群結隊地生活，期待在受到攻擊時能有集團保護。

這種分類也適用於人類，本來就具有攻擊性質的男性，就像一匹狼，而以防禦為主的女性，則成群結隊出現。

但相對於羊群、鹿群對於外敵襲擊，團體具有安全性，女性集團在受到外來攻擊，也就是面對男性誘惑時，防禦能力卻很脆弱。換句話說，因為女性認為集團能發揮威力，能交換各種情報，因此警戒心便降低，甚至有些輕敵。此時男性若有技巧地表示「大家一起來也很好」，則女性們一定戒心全消。

另外，女性團體中的敵對意識，也是造成團體中女性對於誘惑薄弱的一大原因。例如，當你中意團體中某位女孩時，你不要直接追求，你可以先將目標放在其他女孩身上，等中意女孩燃起嫉妒心後，你便可輕而易舉地攫獲芳心。

男性雜誌常常教男性以女性團體為目標，這比以一位女性為目標簡單多了，理由便是上述女性團體內的女人心理。獨來獨往的女性，因為少了團體護衛，所以警戒心變強，較難攻擊。

4 被色狼攻擊時喧嘩的女性

在色狼最多的擁擠公車上，被害女性通常會出現二種反應。一種是默默移開自己的身體，並在公車站到達時急忙下車，不驚動別人，獨自處理被騷擾事件。

另一種是大聲叫道：「你幹什麼？」極端場合將男人的手舉起來大叫：「這是誰的手？和我到派出所去！」

第一種類型多半屬於美女型，這種女性神經質、性格高傲，由於美麗的外型經常引來色狼騷擾，所以她們已經習慣了，雖然這種行為很失禮，但他們並不認為值得大呼小叫。

而大叫型女性姑且不論美醜，多半為自我顯示慾強的人，每天上下班在擁擠的公車上都沒被騷擾過，產生一種劣等感，於是偶爾被害就會大叫，表示「我也是色狼的目標喲！」

5 在咖啡廳、茶藝館喜歡坐在中央位置的女孩

當你約她喝咖啡、喝茶時，她總喜歡挑出口附近明顯位置，或正中央位置的女性，你必須覺悟這是春心尚未盪漾的象徵，也就是她的幼兒性尚未消失，對男人、性幾乎沒興趣。

坐公車、火車時，大人們總喜歡挑選旁邊或裡面的位置，在寬廣的宴會場合也一樣，如果沒排座位，則絕大多數人會往角落挑位置，這和人類住在洞窟時的穴居時代性格很相似。這是一種防禦本能，人在狹窄空間、黑暗場所心靈能獲得安定感。然而，不知危險是什麼的小孩子，往往會往寬廣之處跑，小學生喜歡到大操場活動，不喜歡待在狹窄的教室裡；住在大都會的孩子，一到郊外就覺得高興。

小孩通常有害怕黑暗、狹窄場所的「閉所恐怖症」傾向，這種傾向愈成長愈轉變為「廣所恐怖症」。這麼說起來，到了大人還喜歡寬廣空間的女性，正是稚氣未脫的證據。

6 並肩而行時喜歡保持距離的女性

業務員推銷商品的技巧之一，是不要與顧客面對面而談，最好坐在顧客旁邊介紹。因為相向而談的場合是典型的團體交涉場面，有一股雙方對決的氣氛，並排而坐能使說話氣氛愉快，這是一種人類心理的現象。

事實上，平日我與學生接觸時也發現，面對面的氣氛沒有並排的氣氛來得自然。

剛認識的男女到茶藝館聊天時，總覺得氣氛有點緊張，但出外散步時，彼此就聊得輕鬆愉快。這時候，男性應該注意的是，女性是否刻意和自己保持一段距離？也許有些男性擔心這是因為女性討厭自己，所以保持距離，其實這是女性在觀察你。

話說回來，能與你並肩散步聊天的女性，即使對你沒特別好感，至少也絕對沒有厭惡感。男人也許會認為，不用保持距離也能觀察啊！但這是男性理論，著眼於現實的女性，就像在展覽會上欣賞一幅大型畫一樣，必須保持些距離才看得清楚。

男性為視覺型，女性為觸覺型，平常雖然想接近，但走路時則保持一定程度距離，這時你最好瞭解她內心的意圖。

7 女性歇斯底里時

有一位友人在生第二胎時，突然手不能動了，醫生仔細檢查後，發現這是心因性機能障礙，並非器官性障礙。因為她的丈夫在她生產時沒去看她，她感到非常沮喪，於是產生歇斯底里現象，這也可稱為消極的歇斯底里。丈夫認為這是第二胎，沒有第一胎那麼激動，但妻子卻感覺每一胎都是辛苦作業。

另外還有一個例子。一位熱衷於高爾夫球的丈夫，某日打完球回到家一看，妻子被綁起來了，但經過警方仔細調查，這是因不滿丈夫打高爾夫球而謊稱有強盜進入之例。與前例消極性歇斯底里相較，這種行動是屬於積極性歇斯底里。

照宮城晉彌先生的說法，歇斯底里是一種原始反應，是動物感到危險時的「擬態」現象，妻子在無意識中希望得到丈夫的愛。但對一般女性而言，歇斯底里是為了想脫離危險。

8 女性突然食慾旺盛時

男人在失戀時、工作不順時，會喝酒喝得銘酊大醉、不省人事，或者從此成為花花公子、用情不專，這在心理學上稱為「代償行為」。女性在慾求不滿時，「發洩管道」沒男人那麼多，而其中最常見的就是拼命吃。

我有一位朋友是精神科醫師，照他的說法，因失戀、情緒不穩前來求診的女性當中，訴說食慾突然旺盛的例子非常多。雖然本人沒注意到，但實際上這正是將對性的慾求轉而為以食的慾求代償之例。

另外，除了失戀，包括對丈手不滿、對小孩不滿的女性，都會有食慾旺盛的傾向。在營養不足的時代，反而出現許多肥胖女性，與此不無關係。因為丈夫沒用、小孩不聽話，所以將吃當成發洩處，於是自然而然出現許多肥胖女性。

9 邊看電視邊流淚的女性

在電影或電視劇中，拍攝悲傷流淚場面時，會利用眼藥水，但有一位優秀女演員在接受電影雜誌訪問時，曾經如此說道：

「我想像自己就處在劇中的角色，眼淚自然流出，不必利用眼藥水。」

這類型女性對男性的誘惑，反應力較弱。一般女性的感覺移轉激烈，即使看小說，也容易將自己與書中角色重疊，為了主角薄倖命運而流淚，如果結尾喜劇收場，則如同親身經歷般高興。大約十年前，有一部探討黑人問題

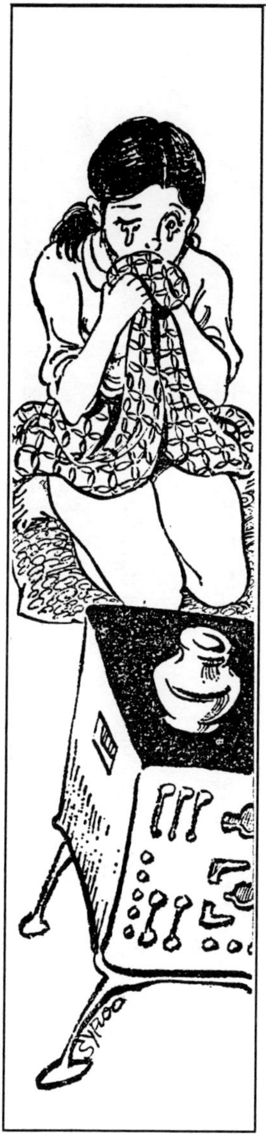

的電影『分離之道』隆重上映，電影院在落幕時仍不開燈，給女性一些時間拭淚。

男性也並非沒有這種現象，深夜看過英雄電影後，回家路上也會想像自己是劇中英雄。

像這種將電影、電視中人物與自己同一視的感情移入，是現實與虛構混同的結果。

女性比男性這種同一視的感情移入程度高，尤其當沈醉於劇情中時，往往將現實中的自己與情節中的人物重疊，這種不易區別的傾向很強。在這種情況之下，只要男性花言巧語誘惑，女性就很容易被擄獲。

10 女性故意使男性反彈時

女性即使知道被愛，也希望男性清楚地以言語、行為表示出來，與其愛在心底，多數女性還是期盼「我愛妳」這句話。但男性好像不太瞭解女性這種心理，總不太喜歡說「我愛妳」。

此時，女性會在喜歡的男性面前，故意表現出其他男性親近的樣子，或者做讓喜歡男性傷腦筋的事，而且這種行為是突發的。這時候，如果還不瞭解女性「故意和其他男性親近」或「故意造成你的困擾，以便引起你的重視」之用意的話，就真的是木頭人了。

事實上，女性是以這種態度引起對方嫉妒心，想試試看對方是不是對自己的行為有反應？是否對自己有愛情？

11 女性拒絕男性贈禮時

有位男士心儀某位女性，為了傳達情意而贈送對方禮物，但她卻斷然拒絕了，這時候，你是不是會因為她的拒絕而死心？絕不可以。

贈禮的確可以傳達情意，但對方接受了之後，下次就得答應你的約會，二次、三次久而久之，就不單單是約會了，聰明的女性在接受一項禮物之前，當然會考慮這一層面。

因此，即使女性對男性懷有好意，但在禮物接受上還是不得不慎重。而且如果你送過一次禮被拒之後就死心，從此不再有行動的話，那表示你的心意也只不過如此罷了。因此，男性不要因一次送禮被拒而死心，拒絕禮物不代表拒絕與你交友。

換句話說，女性拒絕你的禮物，正是想藉此測試你的心。

12 女性遠離團體時

「三個女人在一起就形成一個市場」，女人喜歡說話是古今中外不變的現象，而她們的談話當中，也有一些機能性與規則性。

首先是話題，始終以男人、購物、食物、同事之間是非為主。這些言論，第一可以達到娛樂效果，第二可以交換資訊。

公司裡誰和誰走得很近、哪一位男職員約哪一位女職員被拒，或者哪一家拉麵好吃、哪一家百貨公司大打折等等資訊傳遞非常快速。

第三種機能是使彼此關係更堅固。

她們的團體以未婚者一群、已婚者一群為特徵，而且小集團成員固定。

如果小集團中某位成員突然毫無理由，如大夢初醒般遠離團體，午餐時就獨自跑開，這是她談戀愛的可能性非常大。

她害怕自己的戀情被嗅覺敏銳的同伴察覺，而且既然已有戀人，當然失去以往大家都沒有戀人的共同意識，自然而然就遠離了。

原來小集團成立是基於互相牽制對方，藉著共同身分意識連結感情。由於有戀人的身分變化，使她不得不脫離集團，這種女性另外還存有一種我和她們不一樣的優越感情。

13 喜歡男女混合行動的女性

隨著時代變遷，現代年輕男女接觸的機會相當多，從小學起便男女同班，即使上了高中、大學為男女分校，透過社團活動接觸的機會仍不少。

但出社會之後仍經常與男女混合社團共同行動的女性，亦即無特定對象的女性出乎意外地多。其中一個原因是為了排遣心情，另一個原因則是在無意識之間有追求男朋友的慾望。

以飲食來比，與特定男性交往為「主食」，團體行動本身只不過是「副食」而已。

她們如果對團體中的某位男性心懷好意，而這位男性並無表示時，她就會繼續留在團體中。一旦男性傳達愛慕之情，則二人往往立刻離開團體。另外，即使目前沒有特別心儀的對象，女性也會期待夢中白馬王子不久後會出現，繼續留在團體中。

無論如何，喜歡男女團體活動本身就是對男性興趣濃厚的證據，也是進展至二人關係的過度階段。

14 女性專心於沒興趣的話題時

受女性歡迎的NHK「九點新聞中心」主播磯村尚德先生，其受歡迎的理由是說話語調與服裝。我也聽說過每次政治學課時總是坐在最前排，專心聽講的女學生，事實上並非專心於政治學內容，而是每堂課仔細望著教授的臉龐而已。

在演講或新聞播報時，女性雖然對內容沒興趣，但卻以專注的神情盯著主講者，這多半不是被說話內容吸引，而是著眼於主講者的聲音、服裝、容貌。

聽眾就像團體中的一個人，女性將主講者視為一個鑑賞物，即使對內容毫無興趣，她們還是會因為說話者所散發出來的魅力而醉心其中。

當女性朋友對你專門的艱深工作表示興趣時，你應該有所領悟，其實她對你的興趣，遠超過她對專業領域的興趣。

15 女人流淚時

有一位教授在指導畢業論文時，對內容要求十分嚴苛，有學生屢次受教授退回後，突然哭了起來，不管你再怎麼安慰她不要哭都沒辦法停止她的眼淚，就這樣一直持續傷心欲絕的哭泣狀態。

一段時間之後，她又突然停止哭泣，向教授表示：「老師，非常謝謝你，等我心情好一點的時候再重新修正。」然後轉頭回家去。

在收音機頻道接受叩應的山谷親平先生，也有不少相同體驗。不少來電者在電話筒旁哭泣，由於在電話裡看不見對方的模樣，所以山谷先生必須戰戰兢兢應對。不一會兒，哭泣聲忽然停止，耳邊傳來柔和的聲音：「我已經好多了，對不起！我現在很好，再見！」說完便將電話掛斷。

突然哭泣又突然停止，女人的眼淚對男人而言，實在很難理解，我們大致可以歸納如下：

女人的眼淚是一種淨化作用，當遭遇困難、受不了感情折磨時，女性會以哭泣來化解緊張，藉著眼淚使感情恢復「正常」的均衡狀態，這是一種感情失禁的狀態。

女人的眼淚不像男人幾乎是一種理性自然表現，從小習慣哭泣的女性，眼淚成了她們巧妙處理世事的手段之一，男性不瞭解這種心理作用，往往面對女人流淚時不知所措。這時候最好的方法，就是安安靜靜地等待感情風暴自然通過。

16 女性贈送禮物時

男性經常會在重要日子贈送心愛的女性禮物，這是一種積極追求對方、喜愛對方的心情表示手段。但女性送禮物給男性，則多半內心藏有「不知道他喜不喜歡」的恐懼與缺乏自信。

在女性潛意識裡，男「愛」女、女「被愛」的觀念很強烈，對男性而言，禮物是積極攻擊的武器，但對於被愛的女性而言，禮物成了缺乏自信的指標，是補強自己魅力的支柱。

以前有一位女性找我商量，她說：「我每次送他禮物時，他總是以困惑的表情對我說：『不要送我禮物，我喜歡的是妳，其他東西我都不要。』我該怎麼辦呢？」

仔細詢問原因，原來她有過二次失戀經驗，現在這個男朋友對她而言，比前二任男朋友更具有魅力，她實在不想失去。

他由於以痛苦的失戀經驗，使她對自己失去信心，所以想利用禮物向他傳達自己強烈的愛情，也就是「禮物攻勢」。我給予必須對自己有信心的忠告，「不妨將妳送禮的心情，在妳和他聊天、散步時，完全表現在自己的聲音、動作上。」

這位女性現在過著幸福的婚姻生活，我也從中發現以物示愛的危險性。

17 用斜眼瞅一下男性的臉，立刻又往下看的女性

「眼睛會說話」，除了看的機能以外，眼睛還有比口更佳的表現能力，單單眼睛動作就包含各種意義。例如女性用斜眼瞅一下男性的臉，然後又立刻將視線往下移的動作。

關於這一點，艾賓・高夫曼博士曾在著書中提到：「瞄一眼後立刻縮回視線是表示『我信任你,我不怕你』的身體語言。」但這種縮回視線的動作，又依對象不同而有變化，害怕對方男性時，眼睛不會一直往下看，總是不停地瞄。

另外，瞄一眼這個「瞄」動作的同時，清楚地將臉龐抬起來，表示女性不怕男性，而是尊敬對方，也就是內心想確認對方的臉孔，但又不能一直盯著看的心理表現。極普通看著對方眼睛的場合，與好惡無關。

女性以一種明朗的嬌媚狀態看著對方眼睛，出乎意外，這種女性並不輕浮，是位快樂的好妻子。

18 女性將頭髮剪短時

自古即傳言「頭髮是女人的生命」，不論東西方，長髮均為美的象徵。最近「髮型」變化成為美容一大重點，所以頭髮長短顯得不是那麼重要，但由於自古以來美的意識觀念仍根植於心，所以女性將頭髮剪短時，本人內心必有某種變化。

例如走在世界流行最前端的知名國際女演員，雖然看來不受傳統美意識束縛，但她們在剪髮時通常是對什麼事下決斷時。米亞・佛羅在演電影『培頓・情人』時，是長髮披肩、感覺纖細的女性，但有一天突然將長髮剪短了，正值她和法蘭克・希納多開始交往時。

另外，珍芳達和電影導演羅傑離婚後，為了表明女性反越戰的立場，也將標誌長髮剪掉。像這樣，女人剪髮時，大多數是站在人生分叉點上，讓別人知道她和過去訣別的心情。

19 拉裙擺的女性

搭乘大眾交通工具時，你大概見過坐在前面位置的女性，再三拉著自己裙擺的動作吧！

也許當你看她的時候，她會瞪你一眼，但男性朋友們這時候大概很想說：「瞪什麼瞪嘛！要不是妳那麼注意自己的裙子，拜託我看我都不看呢！」

事實上，現代女性穿短裙露出大腿已經不稀奇了，而且男性也已經習慣，沒什麼好大驚小怪的。反而有些女性在意自己太露而不斷拉裙子，才更引起男性注意。換句話說，想讓男性視線從自己身上移開，結果卻反而讓男性視線集中在自己身上。

姑且不論她是否有此意識，這可說希望引起男性注意，卻又故意將腿藏起來，想讓男性看不見的姿勢。

我這麼說是有理由的。女性有時希望男性注意，但又覺得不好意思，想多露點肌膚，卻又怕自己讓男性感覺下流。就這樣，倫理感與慾望心不斷在內心裡戰鬥，心理學稱為「糾葛」。

拉裙子想蓋住腳、拉衣領想遮住胸部，這些防衛行為都是內心糾葛的反映。女性在自我防衛的行為底下，往往有這種深層心理作用。

20 女性不斷翹腳、放開時

美國有名色情小說中有這麼一段情節。在電影院裡，一位女性邊看限制級電影，邊時而翹腳時而放開，坐在鄰座的男子見狀，便將身體靠過去，並伸手進入女性裙子裡，這時女性不但沒拒絕，反而激烈地喘息——。這本小說中的男主角，以這種動作女性為目標，幾乎一〇〇％可以成功。

也許有人認為這是小說情節，內容荒誕無稽不可信，但這種動作的確是一種深層心理表現。

女性將腳交叉來交叉去的動作，除了代表心情不安定、無聊之外，依照身體語言理論，腰部附近微妙的扭動，或像拉裙子這種動作，都是希望引起男性強烈關心的心理表現。不論表面如何鎮定，內心卻著實翻騰。

21 說話時手心發汗的女性

在酒吧內聽見男子們正在談論女性，他們說：「和女性在一起時，一定要想辦法握握她的手，如果手心出汗，那一定很容易上勾。」

人類出汗除了激烈運動時體溫上升，或天氣熱時出汗降低體溫這種普通生理發汗之外，還有「精神出汗」。人的精神在受到打擊時，便會刺激間腦，傳到交感神經刺激汗腺，導致微量出汗。

酒吧內男人們所說的女性手心出汗，一定是這種「精神出汗」。換句話說，女性在和男性聊天時手心發汗，正是因為受到言語、氣氛等種種刺激，而呈現一種興奮狀態。陷於這種興奮狀態的女性，很容易被花言巧語所誘惑。

警方所用的測謊器，就是利用測謊器的指針判斷受測者的感情動搖程度，當精神發汗時，指針便大幅度擺動。當你在追求異性時，也不妨試試這種握手戰術。

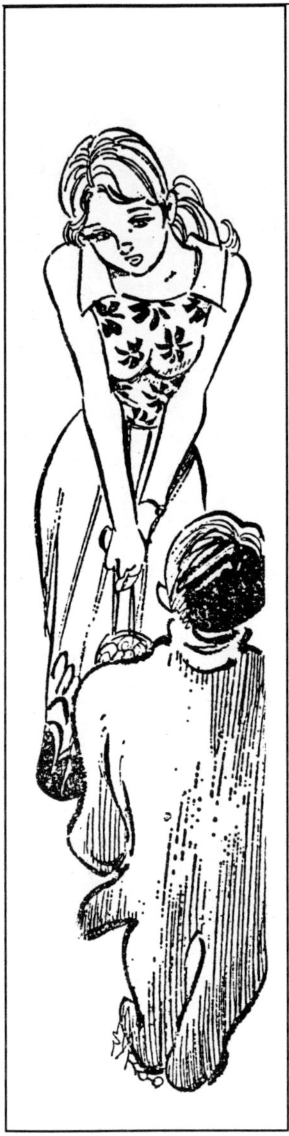

22 女性頻頻歪著頭說話時

我在學校講課時，有時會發現女學生邊聽邊點頭，邊聽邊點頭應該表示瞭解的意思，於是我進行測驗，結果令人吃驚，她們幾乎完全不懂。點頭只不過表示她們在聽，並不代表「理解」。

我的經驗告訴我，女性歪著頭聽講，是表示我在這裡的證據，歪著頭和有什麼疑問的方式不同。有疑問時頭部傾斜角度較大。

小女生對雙親表示親愛之情時，常擺出這種姿勢。向雙親撒嬌想買什麼東西時，或向雙親要零用錢時，她們均出現本能的歪頭反應。

到了成人後，這種姿勢隨之消失，但偶爾還會在日常生活中表現出來，那就是對對方懷有好意，或對其談話有興趣時。

聽講的女學生這種歪頭姿勢，並不是喜歡老師，而是身體在課堂上的證據。如果一對一時女性有這種姿勢，你應該很有自信才對。

但聰明的女性也會為了創造更深印象，而意識性地出現這種動作，該如何分辨故意與無意呢?這就得靠聰明的你了。

23 女性出現表示身體不適的動作時

人的動作稱為「身體語言」，是一種「無言的言語」。

心理學家石川弘義先生在其著作當中，出現妻子聽見丈夫要求復合，不斷以大拇指及食指搓揉雙眉的動作，根據石川弘義先生的說法，這是妻子拒絕丈夫要求的意志表現動作。

各位回想看看，我們現實生活中不也時常出現這種畫面嗎？當這種動作出現時，一定代表本人「不喜歡」的意志。

原來這個動作是在頭痛、極度疲勞時，每個人都會出現的動作，而習慣這種動作的人，多半患有慢性頭痛或性格上屬於神經質者。

另外，轉頭、用手帕擦眼睛、壓眼皮、聳肩等動作也和搓揉雙眉一樣，均訴說疲勞的動作。如果你面前的女性出現這種動作，你必須區別這是她的習慣性動作？還是疲勞？或者為拒絕之意？

24 女性將手搭在男性肩上時

街上來往情侶，多半為肩並肩、手拉手，或男性勾住女性肩膀、女性手靠男性腰部，但其中也有女性手搭男性肩膀的情形。從這種動作表現，你大概可以察覺他們的心理關係。

將手放在對方肩上的動作，本來是男性之間打招呼「喂！你最近好嗎？」的表示方法。

也有大人對小孩、上司對下屬、長輩對晚輩說話時使用，亦即視對方與自己平等或比自己低下的動作。

女性對男性做這種動作，多半為了讓對方安心，或不將對方視為男性同伴的無意識表現。與其說是戀愛感情，倒不如說是單純的親密關係，或者有一點看不起對方之意。

25 女性出示自己嬰兒時的照片

當你至女性家做客時，女性往往會拿出家人照片讓你看，這些照片如果是學校生活照、畢業照、公司團體旅行照就沒問題，但也有女性會拿出自己嬰兒時期的裸照讓你看。

事實上，不論男女，到了青春期或青年期，誰都不喜歡談論幼兒時的事，因為在人格形成的現在，談論不懂事時未成熟的自己，感覺並不舒服。

而且，長成亭亭玉立的小姐了，還讓人家指著照片批評「小時候頭上有個疱、鼻子好塌……」即使親人說笑也不好受。

而將不願觸及的過去集中表現出來的，便是嬰兒時代的裸照。通常，年輕女性只會將這種照片給雙親、兄弟姊妹看。當然，將此照片示人也不以為意的鈍感女性另當別論。

將這種大膽照片給男性看，無疑是最大親密表現，從身體語言的「緊密距離」來思考，這也可說兩人關係屬於心理性緊密距離。

能將心理上的陰部給男性看而不後悔的女性，遲早也會在肉體上接受這位男性。

26 女性邊說話邊搖動自己的高跟鞋時

在茶藝館觀察正在聊天的年輕男女，時常發現女性單腳玩弄高跟鞋的光景。西方人認為在他人面前脫鞋子是很沒禮貌的行為。因此，這種動作本身就是在無意識中向男性傳達自己放鬆的心情，有一種現象可以為此說法證明，那就是當雙方突然出現不愉快談話時，女性會立刻穿好高跟鞋，表示自己的不愉快。

這種動作本來是賣春少女引起男性注意的表現，無意識之間表現出這種動作的女性，不管怎麼說都具有比一般人強的娼婦要素。

也許從談話內容中進一步傳遞「我已經做好準備姿勢，等待你的進攻」之訊息。這時候只要你加以誘惑，很可能達成目的。只不過在確認對方本意之前，不可輕舉妄動。

27 與男性並肩而行時希望身體被碰觸的女性

有些女性與男性走在街上時，會讓男性的肩、手等碰觸自己的身體，也有女性在茶藝館聊著聊著就將身體靠過去。這時候，男性大概想知道這位女性和自己的愛情，是不是已經達到肉體相接觸的程度，其實還言之過早。

女性這種肉體接近的動作，只不過是表現精神程度的親近感而已。「男人用頭腦思考，女人用子宮思考」，女性的感覺比理性發達，其中依賴觸覺的比率很高。因此，男性用理論、言詞表現親近感，而女性藉著觸覺，亦即直接接觸男人身體來表現親近感。

即使討厭被男性碰觸的女性，一旦自己懷有好意，也會在男性接觸之前，無意識先以自己身體接近男性。

身體語言理論也稱握對方手的距離為「緊密距離」，女性將自己的身體放置於這個區域內，正是向對方表示好意、親近感。

28 衝動購物型女性

衝動購物型女性有二種類型。一種是購物當成自己欲求不滿的發洩口，她們對物品並無執著心，只是想藉花錢解除內心堆積的不滿。

這種女性多半為平常節省的賢妻良母型，因某種緣故而突然產生輕度歇斯底里症狀，對沒必要的物品也狠下心購買，而且平常一塊錢、兩塊錢都會斤斤計較，這時卻對高價品連講價都沒有就買下了。

這多半是對丈夫出現不滿時的行動反抗，其行動原因可以理解，也有可愛的一面。

另一種類型就有點傷腦筋了，她們只要看到想要的東西就買，無法控制自己的慾望。這種衝動購買傾向每位女性多少都有一點，但表現過度、習以為常的女性，屬於慾望過度型，而且沒辦法控制自己的慾望，也就是自制力薄弱。

在雞的前面放餌，並在餌前立一道網，雞看到網並不會徘徊，向餌直衝前進，連網也被啄破了，這是動物心理學有名的實驗。上述女性的行動讓我不由自主地想到這實驗中的雞，對餌這個誘因盲目的雞，無視周圍狀況向餌前進，不正是此型女性的寫照嗎？

這類型女性對物的遠近看法能力很弱，有時會被慾望搞得頭昏眼花，在性慾方面也很散漫，對男性而言相當危險。

29 女性將寵物放在膝上說話時

有位友人向我說起這麼一段經驗。年輕時愛慕一位女孩，有一天鼓起勇氣按下她家的電鈴，家中只有他們兩人，她將飼養的寵物小狗抱在膝上愛撫，而且兩人談話當中，她不斷對著小狗說話，讓友人感覺沒有存在的餘地，因此，友人和這位女孩沒有進一步交往。從友人的敘述得知，這位女孩利用小狗當擋箭牌，向對方傳達自己拒絕的心情。

為什麼呢？首先從將寵物放在膝上的行動看，象徵著自己膝上沒有容下你的餘地，也就是在無意識當中傳達不喜歡你的意思表示。

第二，談話當中身體會自然出現一些動作，如果膝上抱著寵物，則身體表現必定不自然，換句話說，其實她一開始就對雙方談話不感興趣，自然身體表現也不順。

另外，對著寵物說話，不僅表示她對二人談話內容缺乏興趣，還代表無視對方、想擊退對方的心情。

第二章

從習慣解讀女人心

《本章摘要》

「習慣」是她的「深層心理」表現

上一章是從女性表面動作解讀其內在心理狀態，主要是以身體語言理論為基礎。只不過，這些動作、行為均為暫時性，只要產生動作原因的心理條件消失，這些動作也同時從表面消失掉。

相對於此，這些動作、行為從過去至現在，成為這個人固有之物，頻頻出現在其日常舉止中，就是所謂的「習慣」。上一章是從「動作」所表現出來的特徵解讀其心理狀態，本章則以「習慣」的行動樣式特徵，解讀其本身具備的特質。

「習慣」行動形成的原因，以及未必有直接關係的動機表現，均與前章所述單純「動作」大異其趣。

例如，以前牙齒不好時總是有「吸—吸—」這種聲音習慣的女性，在牙齒治療痊癒之後，仍然改不掉這個習慣，一旦緊張時就會頻頻出現此習慣。也有女性因額頭長青春痘而習慣用手遮住，在青春痘消失後，卻很難改掉這種用手遮掩的習慣動作。

像這種與前章利用身體語言捕捉動作本質不同點不少。「習慣」是某種行動的「傾向性」表現，亦即這個人過去漫長生活史中，與精神形成深切連結的部分，是瞭解其人深層心理的重要手段，也是與他人區別的明確特徵。每個人都有「習慣」，既然是他人所沒有的行為、動作特徵，當然可以從中解讀其內在特異性。

對於她的缺點、天性、教養能一目瞭然

在解讀習慣背後隱藏之事之前，應先瞭解習慣由什麼精神作用所造成的。

第一，補償行為造成習慣。例如，矮個子的人會刻意挺胸走路，這種人藉著挺胸補償個子矮的缺點，希望自己看起來高一點。

第二，與補償行為似是而非，是代償行為所產生的習慣。例如做什麼事失敗時，會出現抓頭、吐舌等動作，這些動作並不能彌補失敗本身，但可藉由這些動作轉移他人對自己失敗的關心，亦即用其他動作為代償對象，以保

持精神平衡。

第三，從性格產生的習慣。典型為神經質者往往有咬指甲、咬嘴唇習慣。

第四，這個人的生活經歷、成長環境造成的習慣。例如小時候物質受限，便養成偷吃的習慣，或不比別人先吃飽就不安心的習慣等等。

除此以外，因職業或立場不同，也會產生獨特的習慣。教師口氣、百貨公司服務員的職業微笑、商人彎腰走路姿態、牙科醫生右肩斜下姿勢等等，都是屬於職業性的習慣。

以上是依幾個大原則分類，並不限於在年輕女性身上才會出現，但找出這些造成習慣的要因，則一定能解讀其內心。而且習慣是長期間精神形成歷史中的固定化行動樣式，既然已經成為一種習慣，多半很難從她的意識表面消失。

從她的習慣，你便可在她不設防的情況下，推測其缺點、天性、教養。

30 有以手撥弄頭髮習慣的女性

和女性面對面說話時，發現女性最常有的動作之一，就是用手拉前面二、三根頭髮。和這種女性說話很累，因為有這種習慣的女性，對於本身之事異常敏感。

例如，批評她性格之事時，她會一直追問你，直到你厭煩的程度，或是開始分析自己的性格，也就是有點神經質傾向。這類型女性對自己過敏，從生活經歷來看，多半是小時候身體虛弱、任性嬌縱，或經濟不富裕，使得成長後由幼時的不滿轉為貪慾要求。

但也並非沒有好的一面，例如這類型女性的想像力豐富，獨立性強，很可能一個人就能生活得很好。但不論怎麼說，由於性格任性，雖然對他人的態度、言詞出現敏感反應，但本身卻對自己對他人表示的態度、言詞反應遲鈍，常常傷害他人。

31 有皺眉習慣的女性

眉毛從醫學角度來看，只是不具任何機能的修飾存在而已，但在心理學上卻是瞭解人類內心、性格的重要部位。例如，雙眉上揚為憤怒表情、皺眉頭為煩惱、神經質、極度潔癖的表現。另外眉上出現皺紋為分裂性氣質，表示內向性格。

這種氣質女性喜歡孤獨的傾向強，神經過敏、非常敏感，這時的「神經過敏」不單指「在意小細節」，而是「連些微細節都計較」的意思。但自己卻對本身的計較感覺遲鈍，可以說遲鈍與敏感不可思議地共存在一起。

例如，穿著一件高級洋裝，花樣、色彩、款式、清潔均佳，但卻沒注意到裙擺有部分斷線之處。這類型女性多半為瘦型，儘管貌美，但幸運卻不足，容易因敏感而受傷，但這也是本身高傲的緣故。

32 拉耳朵的女性

在茶藝館和女性聊天時，會注意到有些人喜歡沒事拉拉自己的耳垂，這種不是很起眼的小動作，大致隱藏二種意義。

第一，對於對方說的話沒什麼興趣。這是一種無意識的意思表示，拉拉耳垂、碰碰耳朵的小動作，就是想阻斷對方說話的表徵。就像我們小時候被規定要發言得先舉手一樣，在對方說話之際，很自然地就想舉起手，要求對方讓自己發言。但一對一的小人數場合，這種舉手就沒什麼意義，於是就很自然地將手拿起來，摸摸耳朵什麼的，表現內心意思。

各位想想看，我們日常想安撫對方時，不都是以手拍對方「算了！別這麼說！」來表現，從這層意義思考，無意識當中想壓抑對方，或對對方說話感到厭煩，便很自然會將手放在耳朵附近。

女性將手放在耳垂上，還有另一種含義，那就是具有自戀傾向。尤其耳垂是女性的性感帶之一，耳垂本身多肉、一看觸感就不錯的女性，往往有這種習慣。

她們無聊時、發呆時，手不知擺那裡時，就會不知不覺地玩弄耳垂，以此觸感為樂。但急躁地拉耳垂的女性，與其說她正享受觸感之樂，倒不如說她具有神經質，內心深處隱藏不安的表現。

33 有睜眼接吻習慣的女性

一般而言，女性的性是觸覺性、男性的性是視覺性，女性喜歡親吻是因為對雙唇粘膜刺激感到敏感。相對於男性喜歡眼見的性感刺激，若要讓女性性感度升高，最好是在黑暗房間裡刺激其觸覺，或者在女性閉上眼睛時集中刺激於觸覺上。

但也有不少女性在與異性接吻時，是睜開眼睛盯著男性。根據有經驗的人表示，這種感覺「很不舒服」。這種女性對親吻行為不投入，對性的感受性遲鈍。仔細分析看看，著重觸覺的女性睜眼接吻，當然不能集中心思於行為上。因此，性感度也當然無法提高。

另外，因為女性對性的羞恥比男性強，所以往往在接吻這種性行為中閉著雙眼，睜開眼睛接吻的女性，也可視為對性缺乏羞恥心。從現在起，如果你遇到睜眼接吻的女性，即使她的性經驗豐富，感受性也遲鈍。

34 談話當中以手摸鼻的女性

不只女性，男性也常見和人談話當中，出現搔頭、摸鼻子、耳朵等手的小動作，各個小動作都有其心理學的意義，其中以手觸鼻的動作最能反映人類心理。

例如，當你向某位女性求婚時，如果女性聽了以手觸鼻，則表示求婚對她來說，並不是那麼深刻的問題，而被視為疑問或否定。

一般而言，鼻梁高的女性頭腦好，鼻子的確是知性的象徵，但談話內容對本人而言愈重要，則愈沒有觸摸鼻子的餘裕。

羅丹名著『思考人』中敘述，動腦筋的時候，身體有其適合的動作。像揉眼睛、搔耳朵等等，都是疑問、否定的表現。

35 嘴巴不立刻離開飲料瓶的女性

紐恩・希瑞瑪的傑作『我倆沒有明天』中的開場部分，就是女主角菲達娜衛以塗滿鮮紅口紅的嘴唇喝可口可樂，即使喝完了，嘴巴還是靠在瓶口上。

當時女主角在偏僻的鄉下，無所事事地日復一日，後來遇見克萊特，才開始豐富的人生之旅。一開始女主角喝可口可樂的姿勢，對他們來說是一大暗示，不知導演潛意識如何，這個場面是因為她在生活各方面欲求不滿，而內心又想尋求滿足的象徵。

從精神分析而言，剛出生的嬰兒從吸吮母親乳房得到快感，但隨著肉體成長，精神面卻缺乏充分成長，於是不滿足的狀態日復一日地累積，就表現在舔瓶口、咬指甲行為上。

這種類型的人尚未脫離幼兒期，亦即精神分析學上所講的口唇期，由於屬於口唇期性格，所以一直持續幼兒性欲求不滿。

尤其女性有這種習慣時，會將瓶口視為男性性器官象徵，由此可窺她對於性欲求的不滿。以口舔男性性器是性行為的一種，以唇舔瓶口享受觸感之樂的行為，顯現出對男性性器的憧憬。

當然，欲求不滿不限於性方面，而且多數女性對於自己的潛意識欲求毫無感覺，而且不會在現時點表現慾望。

36 有以手遮嘴習慣的女性

昔日美女條件之一是小嘴巴，年輕姑娘裂嘴大笑被視為沒教養、很失禮，即使現代上流社會家庭中的「大小姐」也受如此教養。

姑且不論是不是受到這種教養，與人說話時無意識中有遮嘴習慣的女性，不論其深層心理是否對性有欲求，都表示她不願對方看出來，也可以說多半是屬於自我抑制的女性。

以手遮口是隱藏自己本心時特有的動作，有這種習慣的女性，會讓自己展現出比實際上流的教養，希望引起對方的興趣。

江戶川柳中也有「女子以袖遮口送情」之場面，男性示好時，雖然內心願意，但又怕立即答應被視為下流，所以以袖遮口不讓他人看出自己的心意。因此，女性遮口多半無惡意。

37 囉哩囉嗦的嘮叨女性

交往的時候很有節制，男性說什麼都唯唯諾諾，到了關係親密時，就肆無忌憚，一點小事便鬧翻天，囉哩囉嗦地唸個沒完，這是最不受男性歡迎的伴侶之一型。

對於這種女性，男性絕不可以讓她感到自己花心，或故意逃避她，否則一旦被發現，你可能更慘，很可能身受比花心快樂數倍的流彈攻擊。

但老實說，這種女性最能令男性安心，她們的愛情最堅固，不受歡迎的評價對她們來說太過分了。這類型女性個性直爽，有什麼說什麼，絕不會把話放在心裡。

如果將人類個性分為躁與鬱，則她很明顯屬於躁類，不會隱瞞事情，凡事不拖泥帶水，處事乾淨俐落，你不必擔心她會讓你戴綠帽子，你可以把家庭交給她打點，她無疑是最佳妻子型。

38 習慣說「就這一次」的女性

女性習慣說的一句話是「一次就好」、「就這一次」。前不久流行一首歌『如果只有一次』，有一次我在酒吧正好聽到這首歌，鄰座男性對我說：「女人一生不知說了幾百遍、幾千遍『就這一次』，根本不能相信。」我想所有男性均有同感吧！

「一次就好」、「就這一次」的女性用語，現實裡幾乎都不是只有這一次。幼兒向雙親要求什麼時，很喜歡說「再一個」、「再一次就好」，女性的這種習慣，可視為接近「幼兒心性」她們只熱衷於當面欲求的滿足，完全忘記以往的過程，因此她們意識中的「一次」，實際上已經是「好幾百次」了。這類型女性對事物累積思考能力顯然不足，可以說她們多半只感覺得到現時點剎那的存在而已。

這類型女性很少因為「只此一次」而將自己陷於窮途末路。例如，家庭主婦愛上丈夫以外的男人，容易造成「只此一次」的結果，但這句話在心裡能夠反反覆覆不斷出現，「再一次」、「再一次就好」，終會讓自己陷於不可自拔的境地。

一般女性在心理、生理方面都有回頭看的傾向。男性擁有不固執於特定女性、不特定多數與行為的心理構造，但女人則不同，屬於拘泥於一人的心理構造，於是持續「再一次」的關係。此時男性如果以「再一次就好」來說服她，一定能成功。

39 頻頻附和他人話語的女性

我們常見到談話時頻頻附和對方「對啊」、「是啊」、「我也這麼想」的女性。乍看之下，她對於談話內容充分理解，並且非常投入，但實際上什麼都不知道的女性不在少數。這類型女性並非對於談話內容充分理解，而是對於當時的談話氣氛很投入，亦即非理論性理解，而是感情的理解。

這種現象常發生在小孩子身上，表示與對方的同感度、模倣度高、原始性強。

一般而言，這種原始心性強的人，比較容易暗示，未開發地區原住民或小孩比文明先進國家的人容易被催眠，就是這個原因。女性比男性這種暗示性格強，而其中頻頻附和對方話語的女性，這種傾向又更強。

但容易受暗示就表示容易被說服嗎？如果你下此判斷就太快了一點，這類型女性遇到與自己利害直接有關之事，多半會敏感表現拒絕反應。

40 習慣將手在桌上交叉的女性

面桌而坐對談時，有些女性喜歡將手肘靠在桌上，雙手交叉。我們心理學者在面試時，有時會遇到這種姿勢的女性，這時雖然依照正常程序進行面試，但卻很難觸及其內心。

因為這種類型女性在自己與對方之間，築起一道「手牆」，也就是心理的「欄杆」，無意識中拒絕對方進入自己的內心世界。即使男女交往，在女性愛情尚未成熟時，女性會雙手交叉在胸前，本能地避開被吻的氣氛。

這時與心理的「欄杆」相同效果，不使對方與自己肉體緊密結合的物理效果也計算在內。其中具有男性攻擊性格的女性也具有這種習慣，但大多數的場合是女性表現出上述的防衛反應。

解除這道心牆的方法，可以邊說話身體邊向對方靠近，或者站在對方旁邊，雙方並行而談，慢慢向心牆另一面靠近。

41 談話中用手碰觸自己身體的女性

不限於女性，也常見男性在說話當中，不時以手摸臉、鼻子、頭髮等等身體各部位。碰觸自己身體多半有自戀的傾向，另外也可視為是一種自慰行為，為自己完結動作之一類型。

這種動作出現在與人見面之際，代表這個人努力確定自己身體存在的感覺，想求得心理的安定，也代表這個人處於某種不安定狀態。前美國總統尼克森每當在自己感到不安定時，就會在說話時出現摸摸臉或下顎的動作。日本田中角榮先生在被追問金錢來源問題時，也會立刻拿出手帕擦臉。

尤其女性比男性處於弱勢立場的機會多，拼命想隱瞞小謊言時、不想讓對方留下壞印象時，單相思時，都會出現這種動作，這時候由於心虛，通常在被強迫時無法拒絕對方。

42 無意義地玩弄手邊雜物的女性

如果你仔細觀察，一發現咖啡廳、茶藝館中有些女性，一有空就玩弄手上的杯子、手帕等雜物。在一對一的場合，很多女性會在男性面前無意義地翻弄皮包裡的小東西。

事實上，這是不願意自己全部被看透的心情，藉著動作加以防衛。防衛機能是人類在欲求不滿時，自動採取的適應方法。在這種場合之下，為了在對方男性視線下保護自己這種無意識的願望，於是採取上述行動。換句話說，就是想轉移男性的視線。

當然，如果對方是不必緊張的對象，就不會出現這種行動了，因此，如果發現對方女性在約會時不停地碰觸身邊雜物，那你就有希望了。

43 刺激手心的女性

你周圍是不是有女性會出現在手上寫字的動作？這種捏、擰手掌的動作，乍看之下也許很奇怪，但事實上，美國所進行的一項實驗指出，有這種習慣的人，也具有特殊心理狀態。

這項實驗是邊讓女性從錄影帶中看見自己樣子，邊請她喝咖啡，然後觀察她的反應。

受實驗者最初高舉咖啡杯至眼睛高度附近，表示出對看自己模樣的抵抗感。但愈看則咖啡杯愈往下降，終於降至桌面上，然後開始手的「儀式」。照觀察者的說法，這種人很明顯內心有擔心之事，或者心裡有什麼糾葛，而且女性有此習慣者比男性多得多。

我們從孩提時代開始，就會用咬指甲、含手指來表現欲求不滿，這種現象至成長後仍然沒有什麼大轉變。實驗證明大人也會像小孩一樣，藉著捏手、擰手的動作來表現欲求不滿。

小時候，我家隔壁雜貨店的女主人，經常拿著一個銅板在手上玩弄，也許那是為了慰藉無聊而進行的無意識「儀式」吧！

心中有不滿、不安時，就像肚子吃飽、嘴巴仍想吃一樣，是一種單純的慾望。

手上如果沒有拿著什麼東西刺激，就覺得「手很無聊」，而這種「手很無聊」的狀態，多半與「心很無聊」相通。

44 不停抖腳的女性

女性所擁有的種種習慣當中，最令人討厭的就是「抖腳」，從前人稱這抖動為「貧窮抖」。實際上有這種習慣者，也多半具有神經質特徵，是焦躁不安，從精神身體醫學理論而言，反覆刺激身體的一部分，是透過神經中樞對腦細胞產生作用，使精神得以放鬆。這種抖腳多半見於心情不安、緊張的人。

但即使綜合說來是不安、緊張，但有這種習慣的女性，其傳達的訊息稍有不同。例如，某位女性在大學研究室遇見研究高分子化學的男性，幾次見面之後，她愛上他，她為他單純的理想著迷，傾聽他訴說學問上的抱負、夢想。

然而，從某時期起，每當她遇見他時，就會為感情所苦，她仍然深愛著他，但他每次說話都會令她陷於痛苦深淵。

有一天，他突然不說話了，以沈重的神情凝視桌上，這時，桌上的杯子像輕微地震般地咯咯響起，她忽然站起來，緊緊摟著他的手臂，接著杯子的聲音消失，她內心的苦痛也隨之消失。

解開此道謎題的關鍵，就在她的抖腳。現在已經是位幸福小妻子的她，一直與丈夫保有這個秘密笑話，也是她一直期待在會話之外的肌膚接觸。在舞台下期待和偶像接觸的女性，大部分都會出現這種種抖腳習慣，所以女性這種抖腳所代表的意義，除了期待之外，還有等待滿足內心慾望之意。

45 膝蓋張開而坐的女性

男人真是不可思議的動物，總會不自覺地將視線放在眼前坐在椅子上的女性膝蓋處，而且無意識中「審查」女性的膝蓋是開或閉。我就是其中一人，這個問題不可等閒視之，因為此處談的習慣動作，反映出一位女性的性經驗。

根據某男性雜誌記載，「喪失處女的女性，大腿部的屈筋鬆弛，所以膝蓋習慣張開」。

這段話乍看之下有科學性，事實上為非科學之「學說」，因為對女性而言，不是處女者，並不會對肌肉作用造成如此顯著的影響。

女性的性經驗反映在膝蓋上，其實是心理的影響所造成，從結論來說，中年女性由於不是那麼注重行儀好壞，所以不會像無性經驗的女性那麼在意膝蓋打開。但一旦被男性注意，還是會引起男性遐思，所以還是隨時意識保持膝蓋閉合比較好。

46 有盤腳習慣的女性

在茶藝館或公車上、公園椅子上，有時會看見大膽將腳盤起來的女性，有時盤著腳吸煙、有時盤著腳看小說，像這種窘態畢露的女性，到底是怎樣的女性呢？我想大家都很有興趣想知道吧！

這種盤腳女性對自己的容貌充滿自信，尤其深知自己為男性目光集中焦點，無意識中想誇耀自己值得鑑賞，但容我說句失禮的話，這種大腿在椅子上交叉的畫面，實在很難看。

女性盤腳姿勢是為了吸引他人目光，這種女性自大、驕傲，很會擺姿勢，當男性上前搭訕時，她會算計什麼樣的態度會造成對方什麼樣的反應，由於她很會運用技巧，所以即使對男性沒有拒絕反應，卻也很少真心相待，以玩樂性質居多。

47 寫字大而圓的女性

「文如其人」是十八世紀法國康德畢方的名言，不僅文章，筆跡也表現出一個人的性格。

筆跡可大別為筆壓、字體大小、形狀三部分。寫字輪廓分明、筆壓極強、字跡非常小、連紙張角落都寫滿字的人，各有潛在分裂氣質，具有封閉性格。

反之，筆壓弱的人、字跡大而圓的人，稍微有點急躁氣質，多半為開放性格。

一般而言，女性筆壓弱、字跡柔而小，男性則相反，這是由於自古以來的封建思想，認為女性從屬於男性所造成的根深蒂固觀念。但現代女性所受的壓迫減少，不過字跡弱而小的人仍居多數。

其中，筆壓不若男性般強，但字體卻有如男性大而圓的女性，實際與其見面，會發現她並不像字體所示之「像男人的女人」，幾乎都是有女人味的女人。她們通常會率直地表現自己的感情，體貼、不拘小節，是位感情豐富的女性。

比起封閉型的女性，對男性而言，與這種女性交往較為安心。

48 沒方向感的女性

有些男性喜歡聽女性說「我沒什麼方向感」，因為這時男性就能發揮英雄的效果，而女性則顯得清純可愛、與世無爭般讓人疼愛，但我不得不表示，男性這時振奮心情恐怕是熱情過度了。

你一定遇見過在街上向你問路的女性吧！這種女性什麼事都要問別人才心安，自己不負任何責任。換句話說，就是對他人依賴度高。男性當中也有看過地圖之後，還不能領悟地圖內容的人，這種人凡事缺乏自發性、主體性，缺乏方向感的女性，一般而言，凡事託付他人的可能性也強。

這種缺乏方向感的女性當女朋友交往是很令人疼愛，但一旦結了婚之後，連家中大小事情都得丈夫來解決，自己沒有處理慾望與能力，那可就傷腦筋了，以為這樣的戀人比較好操縱的男性，我不得不說：「你才真的是缺乏方向感的人。」

49 總是坐在最後一排的女性

大學生上課不排座位，學生想坐哪裡就坐哪裡，但大約開學後一個月，坐在最前排的學生與坐在最後排的學生就大致抵定。公司朝會、親戚朋友合照時，最前、最中、最後排的人都有習慣性。

以學生為例，坐在最前排的人，在課業方面比較積極，而且希望自己的積極受到他人認同。相對於此，坐在後排的同學，至少外表看起來比較缺乏積極性，主動參與課程研討的情形也較少。

像這樣在人群中討厭處於人前的女性，姑且不論頭腦好壞、面貌美醜，但一般說來，她們比較內向，即使和異性交往，也極力避免引人注目，或自己積極要求交往。

對於這類型的女性，如果你誇耀雙方的交往或約會，讓她受人矚目，則反而會使她關閉心靈的那扇門。

50 背大皮包的女性

作家丸谷才一先生在『男人的手提箱』散文集中，從文學、歷史以至於酒、料理、美術、旅行、電影等各方面探討男性世界，博學多才的丸谷先生甚至於讓讀者知道他的手提箱內容物。

每個男人都有屬於自己的手提箱，而且手提箱中都有一個自己的世界。同樣地，每個女人的皮包也是一個世界的縮圖，從女人隨身背或提的皮包當中，你以瞭解她的興趣、性格、社會階層，甚至性經驗也可一覽無遺。

但男性總不能就樣將女性皮包打開來看吧！女性討厭讓他人窺視自己的皮包，因為那是一種自己內心秘密被透視的感覺。不過你別灰心，從皮包外型即可推測內容物，瞭解女性內在。

此時最顯著的是拿大皮包的女性。如上所述，皮包是女性世界的代言者，大部分的場合，女性的皮包裡會裝最低限度用品，化妝品、小錢包、手帕、化妝紙、車票、幸運符等等，其中充滿自己的「夢」。

而喜歡背大皮包的女性，重視實利的意味濃，會因隨時想買東西就可以塞進去，而挑選大皮包。

這種女性重實不重名，現實主義傾向強，外表看起來多半具有乾脆的男性性格，雖然不是不注重愛情，但一考慮到結婚，就會從比較實際的角度考量，看看對方適不適合當一家之主。

第三章

從言語解讀女人心

《本章摘要》

從不經意的言詞中露出主管與秘書的關係

本章從我最近得知的一件事說起。

一位友人在一家中型企業擔任主管，他這家公司很注重員工教養程度。在他辦公室任職的秘書，雖然才剛從大學畢業，但在應對進退各方面均表現得可圈可點。有一天，我至友人辦公事談事情，中途，這位秘書好像剛從外面回來的樣子，打開門即說：「下班了！」這與平時言行有度的情況不同。

她看見我在場，嚇了一跳地看了主管一眼，我這位朋友也沒好意地瞪了她一眼，由於氣氛有點僵硬，所以我起身告辭。她在沒預期我存在的情況下打開門，而且對上司說話的口氣輕鬆……，由此我可以推測，兩人關係非比尋常。

她對他說話語氣改變的理由，第一，他與她的關係比上司與秘書的關係親密。第二，已到下班時間，是公私時間的轉換點。話說上次拜訪時因為尚在上班時間，即使兩人關係親密，她仍然保持對待上司該有的禮節，如果這種推測正確，則事實上他和她已經維持至少三個月以上的親密關係。

我敘述得這麼冗長是有理由的。第一，這段插曲中可以看出言詞與人類心理的相關關係。當她與他關係密切時，在言詞用法上便會以和家人說話的口氣，而且當時是在辦公室，原本以為無其他同事存在的下班時間，在這種公私境界最易窘態畢露。

德國哲學家卡西拉稱人類為「記號人類」，的確，人類是動物中唯一使用「記號」的種族，這種記號最高難度代表即為語言。人類所有行動當中「言語行動」是最高境界，接下來是「非言語行動」、「慾望」、「本能」。言語包含一切表象。

言語內側隱藏數倍資訊

在探討言語背後內容之前，應該瞭解使用言語者在選擇這個言語時，是基於什麼要因？再進一步追問人類為什麼要使用語言？我們一樣一樣探討，首先，人類使用語言的目的是什麼？第一，當然是交流的手段，從交流的意義來看，有發言者與受言者，言語才會產生機能。第二與第三，是不論有無受言者，言詞均可成為自我表達手段的場合，這時即使有聽的對象存在，但並不是讓對方聽為目的。另外，雖然未必得表現出來，但自己內面思考活動不可缺少言詞，人類在進行思考時，會在無意識當中以語詞為媒介。

從目的而言，人類在選擇言詞時，會考慮以下各項要因：①習慣、②信念、價值體系、③社會階層、所屬團體、④當時心理狀態、⑤性別、年齡、⑥教育。當言詞用於交流方面時，還得另外再考慮⑦與對方的關係。人類因為有各種不同要因，所以使用言詞的方法也呈現複雜現象。

我有一位朋友日常對妻子說話時，總喜歡先說一句：「你這個傻瓜！」有一天，妻子突然以嚴肅的表情向先生要求到醫院檢查腦部，看看自己是不是「真的很傻」。由此即可推測，她過去根本沒有稱「傻瓜」為親膩表現的生活經驗。

由此看來，一句話的內側實在隱藏著許多資訊，我們可從①言詞多寡（沈默、善辯之變化等等）、②語彙、③禮貌程度、②聲音的調子、節拍、⑤內容等各方面來分析女人心。

51 使用過度客氣的言詞

在媽媽們、女學生們的聚會上，有時會聽見其中幾個人特別喜歡以很客氣的言詞說話，她們必須對其他成員特別表示客氣、禮貌嗎？不，大家身分都一樣，最主要的是她在團體中佔有主導地位。

在公司裡也一樣，有些女性不論和多麼親密的好朋友說話，也依然使用職業性的客氣言詞。

這種女性乍看之下教養好，與她們交往過的男性，都會覺得她們好像哪個人家的大小姐一樣，但實際上她們極為天真、幼稚。為什麼這麼說呢？因為這類型女性虛榮心強，容易從表面去判斷一件事物，例如，嘲笑鄉下出身者使用的方言、以職業區分貴賤，富有一點的人家，往往從小就有佣人供其差遣。這種女性不僅臉部化妝，連說話也化妝。

52 女性對男性使用過多敬語時

德語中的「YOU」這個第二人稱代名詞有二種，和親密朋友、家人之間用「du」，與其他一般人時用「sie」，只要聽他們的對話就可察覺二人關係。

以前在一部德國電影中，有這麼一幕。在酒吧一起喝酒的一對男女，女孩醉得不醒人事，第二天醒來發現自己躺在男子家中，她不記得昨晚發生的事，但從男子稱呼「du」之後，她便瞭解一切。

不限於德語，語言交流是測量彼此心理距離的最好尺度，與對方距離遠，則在交談中無意識會多用敬語，像日本京都人喜歡對外來人使用敬語，這無疑是一種排他性的心理表現。

女性對男性使用過多敬語，絕非是尊敬的緣故，而是表示「我對你不太關心」之意，有時也是「你不適合我」之意。

53 女性將愛情掛在嘴邊時

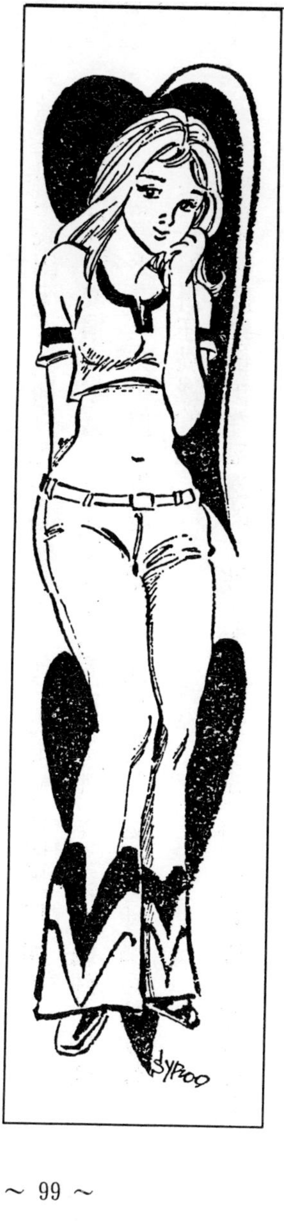

男性都具有不將愛情掛在嘴邊的常識，但這種常識似乎不適用於女性，有時見到大膽披露自己戀愛觀的女性，還真大吃一驚。

男性之所以忌諱將愛情之事掛在嘴邊，是因為這些話必定和性有關係，而露骨地談論性並沒有被禁止，根本不用拐彎抹角地兜著圈子講。即使現代性知識開放，然而女性談論自己的性欲求，還是很難被接受。

關於這一點，被浪漫言詞包裝得很漂亮的愛情，對女性而言，就可放心地從口中說出來了，而且她們意識認為經過包裝的愛情與性無關。

女性談論愛情，只不過是她們性慾表現的變形罷了，女性們聽到這句話，也許會氣得火冒三丈，但老實說，從丈夫或特定戀人處獲得性滿足的女性，是不太將愛情掛在嘴邊的。

這種不時將愛情掛在嘴邊的女性，雖然自己不覺得，但實際就是性慾無法得到滿足的表現。

她們的精神發達大概就是女學生的程度，因為喜歡看戀愛小說、愛情故事、愛情電影，尤其是那種純純愛情的畫面，是青春期少女特有的現象，如果成人後仍對愛情談抱持關心，很可能是尚未脫離此時期的精神構造，這種女性很可能被戀愛理論矇騙了。

54 說話快速的女性

播報員的訓練課程之一，就是說話速度必須快，關於這一點，女性比男性在行多了，因為女性比男性容易因感覺、感情而動容。一般而言，說話速度快的原因，是由於在一定時間之內，想講的話太多的緣故，想說的話就這麼地直接說出來，並沒有經過理性關卡，因此同一件事就必須以一長串話來說明。

在說話快速的女性當中，還有極端快速的女性，這種女性分為二類型。

第一型是直情直性型，這是一種輕佻型，也是典型快人快語型，她對所言之事無一貫宗旨、主張不明確，也許等一下就忘了剛剛所說的話，乍看之下腦筋轉得快，但事實上多為輕薄的女性。

第二型是獨斷、自我意識強的女性，能搶先對方說話，讓對方沒有發言的餘地。不僅喋喋不休、滔滔不絕，而且自我主張強烈、缺乏柔軟性。

55 女性說恭維話時

有時在公司會遇見不是很親密的女同事說：「嗨！你今天打這條領帶真好看。」此時你大概會立即反過來誇獎她，而她也必定笑容滿面。為什麼呢？當女性在恭維他人時，其實內心正期待對方回報相同的恭維，甚至希望你加倍誇獎她。

恭維本來就具有藉著稱讚對方，補強自己居於弱勢立場的作用。有這種劣等感的人，不僅希望恭維別人，更希望對方能有相同的回應，使得劣等感暫時消除，尤其女性多半欠缺客觀評價自己的能力，因此非常期待他人的好語。

受人誇讚不論自己是否承擔得起，都會沾沾自喜，反之則往往陷入自怨自艾的深淵，悲嘆自己的弱勢。由此各位不難想像，對這類型女性而言，恭維實在是快樂人生的最大支柱。

56 女性毫無理由突然喋喋不休時

一位男性友人如此慨嘆：「和公司收發小姐約會，一開始非常難纏，第二次她就變得很愛說話，我正放鬆心情時，他卻離我而去了。」

其實這就是真正的女人心，當你在鳥籠旁學貓叫時，籠中鳥會叭嗒叭嗒地活蹦亂跳，年輕男女一對一時也一樣，突然愛說話就是對對方起戒心。

男性如果不是對於很熟悉的對象，不會嘰哩呱啦地說個不停，這是因為男性本來就比較不善於說話，但女性則不同。

女性與生俱來即有饒舌的才能，因此反而會以多話來隱藏本心，當你不知不很熟的女性為什麼會對你多話時，最好先有心理準備，她內心在拒絕你，換言之，女性多話就像「煙幕」一樣。

一對一談話時也一樣，男性說一句，女性就可以回個三、四句，男性往往到最後還說不到想話的話的一半，而且在女性言語中，連自己想說什麼都忘了。

如此一來，女性便成了引導當時氣氛往自己方向的主導人物，原來對等的談話成了投球、接球、再投球的關係。

當女性覺得這樣很麻煩、不能理解對方所說的話、對於對方邀約沒興趣時，便會以多話來結束一切。

57 女性突然不說話時

希臘哲學家柏拉圖曾說：「戀愛中的人都是詩人。」女性成了詩人後，不知怎麼會突然不說話，詩人的感受性敏銳、悠遊於內心洋溢出的情念世界裡，大概沒見過愛說話的詩人吧！

所以成為詩人後的女性，由於感受性非常敏銳，為了追求只有自己存在的內心世界，很自然地平時就不太愛說話。

前項提過，一般而言女性比男性愛說話，而女性不愛說話時，就是構築只有自己的內心世界之表現。也有因為難耐外在的緊張，所以封閉於只有自己的無言世界的情形。平常喋喋不休的妻子，在夫妻吵架後突然不說話了，而且往往持續二、三天，這就是一種精神不適症狀，好像被刀割傷似的。

年輕女性在公司的人際關係衝突很少，外部的緊張沒那麼大，突然不愛說話是不願他人觸及自己內心世界，也是談戀愛的證據。

58 晚輩女性説話粗魯時

有些女性同事在一起吃過二、三次飯或喝過酒後，就會用好像戀人或妻子的口氣說話，也許有人會認為，她「有失晚輩的分寸」，但事實上，這往往是她對你懷有好意的表現。

用語既然可以視為測量與對方心理距離的尺度，則一般人際關係在與長輩交談時，會習慣用禮貌性敬語，對同事則比較隨便。尤其是男性世界，即使在個人關係上有親近感，但還是盡可能避免親暱性用語，總是隨時注意自己與對方的立場而使用言詞。

但女性由於這種社會訓練不足，往往在用語方面脫離這個規則框框，一旦感覺和對方有親密感時，便會發揮女性特有的嬌媚工夫。不考慮對方立場，出現不得體的用語。

59 女性請你為她「看相」時

在東京新宿一家百貨公司旁邊，排著一長列女孩，我問她們在做什麼，她們表示在排隊看手相。

現代年輕女性對看相很有興趣，到底看相能為她們帶來什麼呢？這得從歷史、社會的原因來探討。

相對於男性能夠自力開創自己的命運，女性的命運就顯得受外在條件所左右，說得極端一點，就是受命運擺佈的宿命感。

即使在男女平等的現代，女性還是無法避免宿命，正因為這個原因，所以女性很想從占卜中得知自己未來的命運。

其中，決定女人大半生命運的是「婚姻」，和什麼對象結婚，左右了女性後半生的命運，這是不論東西女性共通的特性。

瞭解了這種特性之後，當她要求你為她「看相」時，你應該掌握其心理重點，那就是女性最重視的「婚姻」問題。

換句話說，她想瞭解自己的命運和你這個男人有什麼關係。

而且很有趣地，女性對於占卜之事，往往確信並不會有凶兆出現，命相師也捉準了這種心理，即使有凶兆，也會說明得救方法。

當她約你一起去算命，而以客觀權威者的口吻說明「最好早點結婚」、「相愛就結婚」的命相師，實際上正說出她的心聲。

60 為丈夫、情人不專情所苦而自怨自艾的女性

你一定遇過習慣將「他對什麼女人都有興趣」、「老公今晚又要晚歸了」之類話語掛在嘴邊的女性吧！

這種女性有二類型，一種是事實上丈夫或戀人一點也不花心，只是自己嫉妒心太重的女性，這是一種嫉妒妄想，雖然不能稱為病態，但過重的嫉妒心會導致對方困擾，然而這也是她打從心底愛你的證據。

怨嘆「丈夫或情人花心」的女性當中，還有一種類型是向對方哭訴丈夫、情人真的有花心對象的女性。換句話說，「訴說丈夫、情人花心」的背面，心底正自傲丈夫、情人是好男人，潛在意識裡想告訴他人，我擁有這種具有男性魅力的丈夫、情人，多幸福啊！

如果只是發一、二次這種牢騷還好，但如果成為一種習慣性牢騷時，就另有含義了。

61 喜歡以他人的流言為話題的女性

女性雜誌當中，名人、藝人的流言總是佔了大半，這證明了女性對於他人的傳聞多麼有興趣啊！而其中又有些女性對時裝、音樂、旅行等大部分女性感興趣的事毫不關心，心中只對於和他人有關的傳聞感到興趣，這類女性有其共同特徵。

這種女性和男性接觸的機會比較少，同性朋友也少，多半屬於孤獨的存在。換言之，由於很少和他人接觸，所以雜誌中的名人、藝人傳聞對她而言，就好像成了她的說話對象一樣。

另外，「歌手A和演員B關係親密」、「某某連續劇男主角C和某某女孩談戀愛」等等與男女有關的傳聞，也成了她與男性接觸機會少的一種「補償行為」，可以暫時消除日常不滿足情緒，這種女性的內在心理，著實非常複雜微妙。

62 女性指責男性邋遢時

某位男性喜歡同公司一位女性，但不知女性是不是沒感覺到，竟在午休聊天時，指責他襪子臭、不愛洗澡、衣服不常洗等事當成笑料。

他雖然假裝若無其事地與大家一起笑，但內心確實不平衡，心想「她這麼在大家面前嘲笑我，一定對我毫無感情，算了，死了這條心吧！」但不久之後，她卻答應他的求婚，雙雙踏上紅毯的另一端。事實上，她從以前就一直喜歡他。

從這個例子來看，女性往往喜歡男性的邋遢，怎麼說呢？她嘲笑他邋遢是因為「男人就是這樣，不會打點自己，還是得有個女人在身邊……」的理由，這也是她對他表示「嬌媚」的方法之一。事實上她嘲笑的內容，是他缺少一位女性。

不少將房屋出租給單身男性或學生的婦人，會將這些小男孩視為自己的孩子般疼愛，為他們整理物品、準備新內衣，甚至洗衣物等等。

女性的本質就是疼愛這種邋遢、不會打點自己的男孩，總希望為他們做一些事，這就是母性本能。

因此，女性批評男性邋遢，並非觸及男性本身的價值，也絕對沒有輕視、責難的意思，對她們而言，這正是她們可以提供自己能力的最佳時機，而聰明的男士也應好好把握大好機會。

63 在信中或電話中訴說非常忙碌的女性

女性在信中或電話中向你表示「最近很忙、沒時間見面」或「我想一個人出去旅行，短期之內無法和你見面」時，你就這麼直接相信她的話嗎？如果她真那麼忙，應該沒時間寫信、打電話啊！

事實上，女性即使不忙也會說忙，這種說法只不過是假裝對男性毫不在意而已。這時如果男性回答：「那真可惜，等妳下次有空再約好了！」則女性一定對男性這種態度大失所望。

女性希望男性說：「再忙也請撥一點時間給我，可以嗎？」因為她的推辭正是在測量男性愛情程度有多深。

女性根據愛情深度決定自己該如何付出，如果男性表示再怎麼忙也一定想見妳，則表示男性愛情深。因此，女性訴說自己很忙時，其實多半心想「我很忙，但如果你願意，我還是抽空與你相聚。」

64 談話中提及其他男士姓名時

男性在與女性面對面談話時，均會特別注意不提及昔日女友或其他女性的名字，因為女性對這種事情非常在乎，然而女性在男性面前，卻往往不以為意地提及「和××先生看電影時………」或「我本來和××先生在一起，可是……」等等。

她們好像不在乎對面這位男性會有什麼感覺，如果不是感覺遲鈍的女性，那就必定有某種理由了。其中可能在向對方表示，「你看，有那麼多人在追我，你只不過是其中之一而已。」

但大部分的場合是想抓住對方男人心的一種心理戰術，換句話說，她想藉著挑起男性嫉妒心，而讓男性有更積極的追求行動，「你不趕快，我就和別人在一起了」，即使不是這種心態，至少也是希望確定男性對自己心意的證據。

65 女性稱讚其他女性時

電視或廣播節目中有「男與女的對話」節目，女性對於其他女性極盡稱讚、褒獎之能事，說另一位女性有多漂亮、多有教養等等，所有最華麗的讚美詞都用上了。你聽到這樣的話，心裡有什麼感受？是不是覺得這種女性友情很高貴？這種女人本性很善良？如果你這麼想，那你就太不瞭解女人了。

事實上，女性褒獎同性的言詞裡面，隱藏著複雜難言的心情。換句話說，她希望對方不是那麼值得稱讚，心存「嫉妒心」，卻藉著讚美言詞隱藏自己的嫉妒之意。一般女性認為嫉妒是一種可恥的行為，所以即使心存妒意，也絕不讓他人發現，而這種心情，無意識之間就以稱讚對方來表現。

男性也有相同情形，嫉妒之心只發生於與自己程度相當，或比自己好一點的對手身上，離自己很遠的「高山之花」，根本沒有嫉妒的餘地。

女在稱讚對方時，便會起這種作用，也就是將實際和自己相差無幾的對方，比喻為「高山之花」，潛意識將對方抬得很高，以抑制自己的嫉妒心。換句話說，心想「這麼優秀的人，我再怎麼加油也追不上啊！」以撫平自己的嫉妒心，不這麼做就無法撫平自己的嫉妒心，可見這種嫉妒心多強烈啊！

66 女性表示「你真奇怪」時

世上沒有美不美的關係，只有「受不受歡迎」的女性，不受歡迎的女性，仔細觀察大多是個性傲慢、故意對男性表現出不關心的態度，而且她們有句共通話就是「你真奇怪」，其實她想說的是自己變了，只是以另外一種型式表達而已，觀察她們的深層心理，這正是指責男性不關心自己的話。

這類女性因幼兒體驗或成長期的心理經驗，許多都患有所謂的男性拒絕症，她們很想得到男性的關心，但男性拒絕症又不允許這種事發生，於是由此導致的欲求不滿轉嫁於其他方面，就成了在職業或興趣上「討厭男性」。

當男性對比自己條件差的女性表示關心時，她就會露出輕視的態度，一副我連交男朋友的時間都沒有的樣子，雖然自己也知道這種態度正是自己「不受歡迎」的原因，但卻不願意承認，於是便以「向那種女性表示關心，你真奇怪」的型式顯現。

67 女性希望你重複相同話的時候

男性世界裡，很討厭以迂迴曲折的說法傳達自己的意思，總是以簡潔明瞭為主，在傳達重要事情時，會努力單刀直入地一言就讓對方瞭解。反覆相同的話，並非他們的本心。

但關於這一點，女性就完全不同了，重要的事情只講一次似乎不安心，非得不斷反覆才覺得足夠，尤其是關於「結婚」、「愛情」等事，非得讓男性不斷反覆表達，女性好像從男性的言語中尋求安全感，只有不斷說出的話才值得信賴。

女性的被暗示傾向比男性強，從這個角度來思考，對於女性而言，即使是單純的「愛」，也不能如此簡單地表達，一定得重複地表示「喜歡」、「愛」之類言詞，才能令她心動。

68　對男性的邀約以「因為……」來拒絕的女性

常見到女性對於男性的邀約，以「我十點之前一定要回家」、「我已經訂過婚了」等等道德理由拒絕的女性。

這些理由乍看之下具倫理性、道德性，但她們卻不一定是貞操第一的女性。

為什麼這麼說呢？因為她們以道德規律、倫理感情為拒絕手段，一旦她們「因為……」的「……」部分有其他理由取代，則「因為……所以不可以」就會立刻變成「因為……所以可以」。

關於這種女性內心的動搖，作家兼醫生渡邊淳一先生在其著書『解剖女性論』中有精闢的分析。

例如「女人決心感情出軌時，這個決心是有理由的」，「我不願意，可是他硬要，所以……」、「我拼命抵抗，終究還是敵不過他，所以……」、「我在不知不覺中就跟他……」、「我不答應，可是他那麼雄壯，所以……」，當中「……」部分均能以適當理由解釋。

總而言之，以「因為……所以不行」為拒絕理由的女性，其實內心正在尋求「因為……所以可以」的理由。

她們表面上以倫理、道德性理由拒絕男性，但意外地卻也容易因其他理由而和男性交往。

俗話說的好「嘴巴說討厭，內心卻喜歡」，乍看之下堅持防線的女性，在她表面理由充足的拒絕態度之內，其實正隱藏著一顆答應對方的本心。

69 對於男性愛情表現表示「傷腦筋」的女性

某位心理學家說過這麼一段話：

「女性往往因男性表示的好意感到困擾，而前來找我商量，仔細詢問理由，其實根本沒有任何理由，不但自己不討厭對方，家人也沒表示反對，那麼到底為什麼男性的愛情會令她傷腦筋呢？原來是無法推測男性的感情程度。」

的確，女性對男性的示愛，往往無法坦然接受，顯示出「困擾」的態度，而正如前述，這種困擾並無特別理由。

女性的這種「困擾」，事實上是一種態度保留，也可視為是接受對方愛意的準備，這點從她絕不表示「討厭」、「拒絕」即可得知。

喜歡歸喜歡，但自己不能表示出積極的行動，一切全看對方怎麼表示，這也是女性「困擾」的原因之一。

70 女性表示「不瞭解」男性時

「真不知道這個人在想什麼」、「真不懂你怎麼會這麼做」，常常聽見女性對男性表示出指責的口吻，但絕不會有男性感到自己被責備。

男人與女人從小被教育的方式就不同，因此女性不能理解男性的思考、行動是可以理解的。

法國女作家包柏芙兒就表示，男性是藉著自己做事而成長，但女性是在被限制為「女性」的狀況下成長。

依照她的說法，女性認為女性是在自己認識的領域之內存在，但男性則是超越自己認識的範圍存在，因此「不瞭解」很正常。

所以當女性向男性表示「不瞭解」時，與其說她「想瞭解」，倒不如說這是她被你的魅力吸引的自然表現。「魅力由未知支撐著」，瞭解後就沒有魅力可言了，愈不瞭解愈感到那股魅力存在，因此，「不瞭解」可以翻譯成「你很有魅力」。

這麼說也許會被嘲笑為是一廂情願，但人本來就容易被異質之物吸引，對女性而言，「不瞭解」的男性具有很多異質部分，而這部分正是男性魅力所在。也許在男性眼中，認為怎麼可能被那麼無聊的男性吸引嘛！但對女性來說，男性未知的部分卻具有無限魅力。

但隨著年紀增加，如果妻子對你投以輕蔑的一句：「真不知道你在想什麼！」那你最好解釋為「你應該更努力來瞭解我」或「我對你失望透了」之意。

71 女性在丈夫面前稱讚男歌手時

年輕少女們經常為同年齡層的男歌手、演員著迷，在這個憧憬愛情的年紀，因為現實生活中沒有戀人，所以將滿腹熱情發散在男歌手或演員身上的代償行為，是可以理解的。

但到了二十五歲以後，甚至超過三十歲，仍然迷戀歌星明星，這又是怎麼一回事呢？女性在這個時候大部分已結婚，有了自己的家庭，丈夫大概會覺得，「年紀一大把了，還這麼……」。

但事實上，這種現象往往代表女性打從心底對丈夫的不滿，這種不滿很容易就表現在「劉德華真有魅力」、「張學友好酷」等言詞上。他們讓她感覺到男性魅力的存在，與自己丈夫相比，丈夫的漠然自然就造成她心裡不滿，但要她具體指出究竟不滿什麼時，她卻又說不出個所以然來。

72 外表很會說話的女性

就像「楊柳隨風搖曳」這句話一樣，柳枝柔軟、富彈性，所以再大的風也吹不斷，但乍看之下挺拔的松枝，在暴風吹襲下就耐不住而斷裂。女性最大的特色就是如柳枝般具柔軟性，不僅肉體具柔軟性，精神方面也比男性有順應場面的能力。

古代女性在社會禮儀、家庭教養的訓示下，雖有自由思考空間，因此頭腦頑固的人也比較多。而現代女性從舊觀念中解放，尤其是年輕女性，應該

具有奔放的柔軟性，但很遺憾，環視周圍女性，這種具有柔軟性的人竟出乎意料地少。原因之一就是現代女性凡事好講道理，總是不願在口頭上吃虧。

有一次在某大飯店舉辦的宴會上，與某週刊流行作家同席，正當我們在聊天時，鄰座的中年紳士上前打招呼，「我們家都是你的忠實讀者，內人很喜歡看你寫的小說」，沒想到在一旁的妻子立刻接話：「算了吧！我忙家事都忙不完了！」

那位紳士好不容易努力營造的氣氛，就被太太這麼一句話掃光了。我想你身邊一定也有這種喜歡在口頭上逞強的女性吧！

她們很會講話，甚至論及你所不瞭解的領域，但這類型女性只是乍看之下口若懸河而已，當實際遭遇狀況時，她們便缺乏應付狀況的柔軟性，與古代頑固頭腦者相比，只是五十步與一百步之差罷了，是不及格的現代女性。

73 女性說男性沒用時

在漫無目標、每日有氣無力過生活的男性面前，女性經常會說：「真是個沒用的男人！」可是這位感嘆「男性沒用」的女性，卻又好像無視於他的沒用，竟在不知不覺當中和他愈來愈親密，這真是令人難以瞭解的事情，雖然旁人議論紛紛「怎麼會和他在一起」，但她心底卻有微妙感情。

女性自我訂定目標，並往目標實現的「自我實現」機會比男性少，因此會將這種欲求投射於他人，藉著使這個人到達某目標為滿足，也就是得到代償滿足的傾向強。

這種獲得代償滿足的對象，正是她們認為「沒用的男人」，「完美無缺」的男人使她們的力量沒有發揮的餘地，也就是無法成為她們的目標。因此，當女性對你表示「你真沒用」的時候，你最好視為是一種愛情表現，亦即「你需要我」之意。

74 喜歡引用媽媽的話的女性

「我媽媽說你這個人蠻『可靠』的」、「我媽媽好像對你印象很好」等等，有些女性喜歡引用媽媽褒獎對方的話。事實上，這是她借用媽媽的話，向對方告白自己的愛情。

在年輕女性眼中，媽媽與自己最親近，與自己一體感強烈，因此媽媽與自己的心理境界模糊，往往會將媽媽的話當成自己的意見，反之，自己內心的感情，也往往以媽媽的意見表達。

這在心理學上稱為「同一視」現象。尤其當對對方的好意無法表明時，或不好意思坦言時，便會無意識地假借為母親之言說出。

但與這種內心抑制無關的場合，仍然頻頻引用「媽媽說」、「媽媽說」的女性，就不能視為與母親「同一視」過強。這種女性依賴心重，結婚後恐怕也得凡事依賴丈夫，可說「乳臭未乾」。

75 說「貞淑是美德」的女性

公司中總有女性集男性注意力於一身，只要她有什麼請求，每位男職員都會幫她忙。「一塊兒喝茶吧！」午休時被邀約的是她，下班後和男同事一起在街上出現的也是她，這種存在真令人傷腦筋，其他女同事當然會不高興，「看她被奉承得那個樣子」，大家會開始把她說得一文不值。

這種現象呈階段性擴大後，結果大概是這樣。「我們不像那個人那麼輕浮、不知檢點」，也就是這些人認為自己很『貞淑』，但男性卻不懂得『貞淑』的可貴。沒獲得男性青睞的女性，往往以『貞淑』為自己的美德，做為自我保護的殼子。

當然，世上堅守貞操、斷然拒絕男性邀約的『貞淑』女性不少，但她們絕對不會將『貞淑』掛在嘴邊叫囂，口中高喊『貞淑是美德』的女性，其實心中正有「希望被誘惑看看」的願望。

76 女性開始談論自己時

女性一般而言，均喜歡談論與人身有關之事，你一定也聽過女性談論「我小學時代如何如何」吧！女性以自我為中心的觀念比男性強烈，她們往往認為自己關心的事，對方也一定有興趣，從來沒想到自己的談話會讓對方困擾。

就和電視節目中為人解決難題單元一樣，與其說來信者希望有個適切的解決方案，倒不如說是因為自己懦弱，希望找值得信賴的人聽聽自己說話。因此，出乎意料地，她們往往會向男性揭發心底事，而且意圖搏取對方的同情，她們通常這時成了拿手的創作者，讓你留下深刻的印象。

但談論自己絕不是女性單純的喜好，她所說的心裡話並不是對每位男性都可隨意表達，她多半是將你當成戀愛對象。

第四章

從嗜好解讀女人心

《本章摘要》

「嗜好」是「性格」的線索

有位推銷員在進入屋內推銷物品之前，會先觀察這間房屋的屋頂顏色，從顏色決定推銷方法，結果成功率相當高。例如看見紅色屋頂，表示住宅內的人虛榮心強、經不起他人恭維奉承，往往為了虛張聲勢而購買，只要正中下懷，則成交的可能性很高。照他的說法，從屋色可以判斷屋簷下住人的性格及欲求，這種推測成功的機率八九不離十。

另外還有一個有趣的實驗，美國男性雜誌『花花公子』是仰賴多位心理學者協助而發行。他們將女性體型分為五種類型，詢問男性喜歡哪一種類型，然後調查「喜好」與男性之間的相互關係，結果很明顯，喜好相同的男性均有其共通性。例如喜歡大胸脯女性的男性，大致充滿自信、有幽默感、善變。喜歡纖細型女性的男性，是屬中庸、寬大沒什麼野心的人。

以上所舉的例子，就是告訴各位，人的「喜好」，亦即對事物的好惡感情，與一個人的性格、欲求關係密切，所以從一個人的喜好可以瞭解其性格。

這些均可由經驗得知。

為什麼說人的「喜好」是掌握心理狀態的線索呢?只要你瞭解人的「喜好」是如何形成的，則很自然就可明白這個道理。

心理學視以下四個要因為形成喜好的基礎。①既成態度的採用。②外傷經驗。③分化。④後天形成。詳細說明在此省略，簡單而言，①是像偏見一樣，已經存在於世上的觀念內面化，②是幼兒期特異的體驗，③是發達心理學的基本原理之一，藉著精神的自然發達，不因幼兒期好惡而定的觀念，④是成長之後學習之物。

總而言之，喜好是由當事人依過去經驗、接觸、知識而形成，也可說「喜好」就是這個人過去生活歷史的集中。從反面分析「喜好」，就是從這個人過去的生活經歷，可以瞭解他的性格、心理。

女性的「喜好」更是性格的表徵

當然，這並不像口說那麼容易，在現實場合中要掌握一位女性的「喜好」，並分析其所代表的意義、解讀其心理狀態，是高難度技巧。但我想可以這麼說，這種方法是男女通用，尤其對女性更有效。

一般而言。女性比男性情緒化，因此比較會以感覺、感情分析、判斷事物。坦白說，女性均有依好惡判斷事物的傾向。男性會從理論、美學、道德判斷等各方面綜合性地判斷事物，但女性通常以情緒判斷為優先，以自己喜歡或討厭來分辨事物的善惡，而且她們的好惡感情非常極端，喜歡之事可以忘我地投入，討厭之事連看一眼也感覺多餘。

如上所述，女性對一切只以喜歡、討厭二分法判斷，亦即女性的「喜好」可以讓人一目瞭然，是推測心理狀態最好的線索。本章即彙集典型之例，看看女性「喜好」所表示的本心。

77 喜歡佈置牆壁的女性

我造訪友人家的機會非常多，總是有一件事讓我特別注意，那就是屋內的佈置、裝飾著實表現出居住者的個性。就像每個人個性不同一樣，窗簾顏色至櫥櫃配置各方面，每家均有微妙的差異，其中變化程度最激烈的，當屬牆壁之利用。

大體而言，牆壁空白部分愈多，表示居住者精神愈不安定。例如整個空白的牆壁，讓人感到冷淡、孤獨，就像醫院的病房一般。一個人住在空盪盪病房內的病患，往往充滿強烈不安與孤獨感，不但疾病無法治癒，反而使之更為惡化。

反過來看，自己房內的牆壁什麼裝飾品也沒有的人，很可能充滿孤獨感，是個寂寞的人。我曾有機會參觀集體女性宿舍，她們都是從鄉下到都市上班的女性，離鄉背井到大都會中孤寂地生活，她們便在牆上張貼歌手、明星照片，以緩和孤寂感。

一般而言，女性喜歡將屋內佈置得多采多姿，擺點小東西、掛些壁畫什麼的，其中也有像剛剛提到的女子宿舍，將自己內心的空白部分埋藏在牆壁的空白部分，用畫來紓解鄉愁的情形。

78 喜歡浪漫的女性

大正時期浪漫代表畫家竹久夢二先生所畫的女性像，是眼神矇矇矓矓、一副楚楚可憐模樣的女性，有時在路上也會看見這類型女性，一問之下，她們自稱浪漫，並表示「討厭世俗」。

然而仔細聽她們所描述的夢想內容，多半是像到歐洲旅行、談一場轟轟烈烈的戀愛這種事，其中熱戀後結婚是這類型女性的浪漫核心。比起男性禁慾的浪漫，她們的夢想比較個人化。

總而言之，她們的浪漫是想從婚姻、能力、容貌等現實中逃避，可以說浪漫只不過是她們逃避殘酷現實的手段而已。從反面而言，這類型女性也可能屈服於現實，一變而為極端現實主義者。

79 女性購買女性雜誌時

「妳是因為想看什麼內容而購買女性雜誌？」調查女雜誌購買者的動機，發現排在前面的理由為流行資訊、實用記事、旅遊、人物特寫等記事。但正如男性們所知，女性雜誌最近也致力性記事，而且內容不比男性雜誌遜色。事實上，描寫得愈露骨的性記事，銷售量愈高。換句話說，女性雜誌讀者的本心，可以說是想閱讀其中的性報導。

只不過同樣是談論性，但男性與女性的讀法卻不同。男性閱讀露骨性記事後會引起性慾，但女性是藉著閱讀記事使自己充滿性慾。

換言之，只談論露骨的性讀物，對男性而言只是刺激性讀物，但女性在購買時就會顯得躊躇不前。關於這一點，女性雜誌使她們隱藏的慾望正當化，第一，女性購買女性雜誌是理所當然的事，第二，可以藉口真正想看的是其他記事，巧妙地躲過他人眼光與自我良知。

80 嗜好煙、酒的女性

以前煙、酒是男性專有的嗜好，最近不少女性也對煙、酒產生興趣。但其中真正以煙、酒為「樂」的女性，其實少之又少，因為她們多半是未成年少女，好想藉著煙、酒長大一般。換句話說，她們並非打從心底酷愛煙、酒，只是一種「代償行為」而已。

對於這種現象，美國俗流精神分析學稱此為「潛意識陰莖混合表現」。所謂「陰莖混合」，就是年幼女子對男子的陰莖羨慕的一種幼兒心理，照他們的說法，這種幼兒心理仍殘留至她們成人之後，也就是潛意識當中有「希望成為男性」的願望，於是她們便從男性專用品的煙、酒下手。

但這種結論似乎有點飛躍，可說是偏向的「泛性論」之一種。在我的眼中，她們具有強烈的「脫女性願望」感情。

女性被限制是男性無法想像的，從小就被教導要「像個女孩」，等到成長後，又受到社會中各種限制或「禁止行動」，這類女性為了從「女性」的桎梏中解放，當追求自由的慾望高漲時，她們便會轉而追求反女性色彩強烈的嗜好品，煙、酒即為其中代表，藉著吸煙、喝酒，使自己抑鬱的心情得到紓解。

81 吸外國煙的女性

前面介紹過女性吸煙心理的背後，有「脫女性願望」，其中又有專吸外國煙的女性。雖然她們不見得財力豐，但卻在人前一根接一根地吸著外國煙，這種女性無非是想吸引周圍注意力。

另外她們手持外國煙還有一個目的，那就是尋求一種地位、階級象徵。所謂階級象徵就像以前所說的3C、3V一樣，持有社會中象徵高地位的物品，即代表她具有的職業、社會地位、學歷等等，為了提升自我價值，所以她們會故意吸，「外國煙」。

總而言之，她們從外國煙中求得自己缺乏的品味、教養等印象，這也可稱是一種代償行為。從這個層面來看，這類型女性對於刺激自己劣感之物非常敏感，各位不可不慎。

82 對數學、理化在行的女性

一般而言，女性比較不會以論理思考事物，所以數理等學科較不在行。女性比較偏向情緒的思考、判斷，所以在文學、美術方面的成就也往往優於需要理性分析思考的學科。這種女性特徵形成於女性成長階段，同樣是女性，但在小學時看不出討厭數理的傾向，不過到了第二性徵出現時，也就是從「像女性」開始，她們就比較偏重於情緒性思考。

當然，其中也有長大後仍然喜歡數學、理化的女性，但我的看法是，這類型女性比較缺乏「女人味」。

關於這一點，從成長階段來思考即可瞭解，也許在性徵出現時期，她們缺乏受「像女性」的養成教育，這種女性對於興趣熱心，但卻不關心，逐漸形成「興趣偏在化」的特徵。對她們而言，也許在數學、物理方面的興趣，更甚於在「像女人」方面的興趣。

83 喜歡小孩的女性

忘了自己是女性的女人讓人傷腦筋，但過度意識自己是女性的女人，也令人困擾。這種女性意識過剩者，總是會在言詞之間加入「對女性差別待遇！」的字眼，隨時意識自己是女性。

如果你想知道，現在在你周圍的女性，是否對於性差別敏感，那你可以試著觀察她和鄰居或親戚的幼兒們玩耍的樣子。在美國史丹佛大學心理學教室中，以數百位學生為對象，進行一項實驗，結果發現和幼兒遊戲時間愈長者，對性差別看法較柔軟。換句話說，喜歡小孩的女性，其母性本能強，所以成為妻子、擁有自己的小孩之後，會重視小孩甚於自己，不會動不動就說「我是女性，所以……」，對性差別態度寬大。

相對於此，不太喜歡小孩的女性，大部分在成為母親之前，會有很強的女性意識，動不動就想到「兩性差別」問題。

84 喜歡緊身褲的女性

流行的腳步千變萬化，有一陣子緊身褲在年輕人之間形成一股潮流，起初是流行於男學生之間，後來在女學生之間也愈來愈盛行。緊身褲的確有其機能性，但女學生身著緊身褲，還有希望與男性平等的背面心理，在緊身褲流行之前，男女穿著相同服裝幾乎是想也別想的事情，但緊身褲的出現與流行，使得男性與女性的服裝有打成一片的機會。

而緊身褲在女學生之間流行的原因之一，也是女性對於自己服裝魅力想法的改變。女性為了對抗每日換套新衣裳，誇示美麗的古典性「鑑賞用女性」，於是換上緊身褲，主張與男性同樣具有社會行動魅力。這類女性多半在個性上比較像男性，開朗、豪爽。

就像男性打領帶時和穿運動休閒服時的行動形態不同一樣，服裝對一個人的心理影響很大。因此，穿著緊身褲的女性也會出現男性化動作的傾向。

85 對中年男性表示關心的女性

年輕女性當中，有欣賞中年男性甚於年輕男性者，這是什麼理由呢？

年輕未婚女性的場合，是因為存在著戀父情結，她們認為同年齡層年輕男性不成熟、不可靠、思想幼稚，心中始終渴望像父親般的男性。

對這些女性而言，中年男性的言行舉止方面比較穩重、對人體貼，擁有年輕男性所缺乏的優點。但這種傾向往往是一種心情，很少化為實際行動。

接下來談論非屬單純憧憬的情形，也就是自己主動積極追求。此時除了關心、尊敬、憧憬心理之外，還有飽受年輕男性之氣的經驗，因為過去和年輕男性的戀愛經驗，使得她們深深感受到年輕男性的不足，轉而希望追求「穩重」的愛情。

德國精神分析學者霍爾涅，稱形成逃避、防禦、保護自己等行動原因的不安為「基本不安」。霍爾涅列舉四種在基本不安下維護自己的方法，其中之一就是「獲得愛情」，理由是「被愛不會受傷」。

換句話說，藉著愛情得到保護，是脫離基本不安的方法之一。

總而言之，這類型女性想藉著和中年男性交往得到「安心感」。追求中年男性的女性本心背後，就有這種逃避不安的心態。

86 喜歡紅色的女性

我任教於女子大學，每當新學期開始，校園便開滿各樣花朵，好像一個大花園。但當冬季來臨，花朵枯萎時，教室內的女學生們身著各式各色服裝，讓我有沈浸在室內花園之感。而在這些室內之花當中，最令我注意的當屬「紅花」，順利的話，課程進展生動，發問活潑，整間教室顯現出迷人的朝氣；但若是稍有差錯，則整個上課秩序便亂象百出。

喜歡紅色的女性對任何事都有「極端」傾向，她有時是個先導者，有時一變而為煽動者。

色彩科學權威菲伯巴雷恩解釋喜好紅色的女性氣質如下：「愛恨、親切、殘忍性同時存在，不瞭解『無關心』之意，表面看起來平靜，但內心卻是精力充沛、富挑戰性的人。對他人有同情心，但善變，基本上是屬於樂天派」。和愛好紅色的女性交往，好像得多費點工夫。

87 不追求流行的女性

像貓的眼睛一樣對流行敏感，是年輕女生的一般傾向，但其中也有超然情勢、不追逐流行的女性，這種「流行脫隊者」可分為三種類型。

第一類型是知識分子，多半是品格高尚、自傲尊大的女性。她們對於追逐流行的凡俗女性，打從內心輕視。

第二類型是對自己服裝喜好絕對有自信的女性。這種女性自我意識強，多半具有偏執狂性格。

第三類型是現實主義女性。這種女性現實、功利，她們認為將錢花在流行方面是一種浪費。

跟隨流行腳步的女性，都具有「同調性」氣質，她們不希望被視為與眾不同，也是柔弱女性自我防衛的手段。從這層意義而言，不追隨流行腳步的女性，則具有與一般女性對照的性格。

88 喜歡聽人生諮詢的女性

一九四三年，美國戰時情報教育局對美國軍人進行意識調查，對於認為自己幸或不幸這個問題，大多數回答：「比沒被徵召的人不幸，比被徵召的人幸。」

人一定要與他人比較後，才能判斷自己幸或不幸，藉用社會學家馬頓的話，「人的幸福尺度在於其標準集團」。看見比自己不幸的，便感覺自己幸福；看見比自己幸福者，又覺得自己不幸。

人生諮詢是人訴說不幸、煩惱之處，看看這裡的人，會發現自己比別人幸福多了，「我雖然不夠美，但也沒像她那樣為了丈夫吃那麼多苦」。

與他人的不幸相比，便對自己的境遇感到滿足，心理上抱持優越感。從這層意義來看，其實喜歡聽人生諮詢的女性，就是喜歡聽他人不幸的人，藉此感受到自己的幸福。

89 喜歡古典音樂的女性

從年輕女性喜歡聽哪一種音樂，可以瞭解她的性格與欣賞之男性。喜歡古典音樂的女性，多半是纖細型，具分裂氣質，屬於神經質型。問他們喜歡哪一型男性，她們一定回答雄壯、剛毅型。

在傳統家庭教育下成長，她們的性格受保守氣氛所支配，平穩無事的人生思考模式，使她們內心總感到有什麼不滿，這種內心的不滿，使得她們追求波瀾萬丈的生活，因此期待雄壯、剛毅的男性。但這種雄壯與剛毅往往只是表面性，被外表蒙蔽而發生悲劇的例子也不少。

喜歡歌謠音樂的女性，親切、體貼，可說是健康型，任何類型男性均能適應。喜歡爵士樂的女性為享樂、自由奔放型，容易被藝術家型男子吸引。喜歡流行音樂的女性，多屬平凡型，喜歡家庭主義男性。

90 重視寢室設計的女性

有位著名作家曾說：「寢室就像另一件外套。」外套是包裹人體，避免外面冷空氣入侵，寢室則是包裹一個人的心靈，從外界的緊張氣氛中解放。的確，一回到寢室，整個人都放鬆了。

我雖然沒有親自觀察過，但一定有不少女性將寢室佈置得比家中任何一處都美，在擺飾、窗簾、照明、床罩各方面都極用心。如果是已婚女性，則代表她希望與丈夫有充實的性生活，以家庭生活安定為理想。但若是未婚女性，則解釋就稍有不同了。

她屬於非常自我的人，非常重視自己生活空間的寢室，無意識中表現出重視自己甚於自己與他人之間的關係。雜誌中常介紹在高級酒吧服務女性的豪華寢室，她們大致屬於自我主義者，認為自己最具有魅力，常常露骨地表現對客人的不滿。

91 喜歡具體畫的女性

喜歡人物、花、動物、風景等具體畫的女性，一般而言感傷性強，而且率直坦承自己感傷。有則美國小故事，一位母親有二個兒子，在二個兒子長大成人自組家庭之後，這位母親便將原來家中吊掛的抽象畫換成具體畫。

根據美國精神分析醫師表示，「母親對二個兒子搬出家裡感到傷心」。由此例可知，女性在感傷時比較喜歡具體畫，這類型女性也不想掩藏傷心之情，立刻坦率地以一幅畫表現心情。

另一方面，喜歡抽象畫的女性，大部分對於與人交往、友情無拘無束，會創造屬於自己的空間，所以她們不喜歡動物、人物具體像，而喜歡在變幻的自在表現中，使自己變化、傾斜。喜歡抽象畫的女性中，有不少屬於孤芳自賞型，這類型女性實際上很寂寞，內心也希望與他人交流。

92 喜歡舊房子的女性

想在都市買一間房子，真是愈來愈難了，摩登、清潔的居住空間，可能是每一位老百姓共同的願望，尤其前院有綠色草坪、白色石頭圍牆這種新家園，更是女性理想的生活空間。

但你有時候也可能會遇見不喜歡新房子，而喜歡傳統舊建築的女性，她可能對那種非常古老、不得不改建的老房子，存著一種奇妙的愛情。

我認識一位女性就滿足於「辛苦花時間一件一件地整理家裡」，她對老舊房子讚不絕口，這實在很有意思。

我分析她的心理，是一種對婚姻生活不安的表現。詳問之下，原來她與丈夫個性不合，自己一直煩惱「自己是適合當他妻子的女人嗎？」而能夠支撐她繼續生活下去的，就是具體的實物，這時候，舊家所具備的「持續性」、「沈著」、「安樂」等條件，在她眼中成了可靠的影像，因此她期待老舊房屋。

美國精神分析醫師表示：「看一個人住在怎麼樣的房屋，就可瞭解這個人是怎麼樣一個人。這稱為自我反射，也就是與自己有關的內在像。」總而言之，一個人在無意識當中所抱持的自己影像，會透過所居住的房屋等具體物表現出來。

就像動物會築適合自己的窩巢一般，家正完整地表現出居住者的性格。

93 喜歡玩柏青哥的女性

曾有美國心理學者主張棒球與性有關係，球是精子、球棒是陰莖、手套則象徵子宮。照這麼說，那柏青哥的鋼珠進洞不就象徵著性行為嗎？而柏青哥就像性欲求不滿的宣洩口。

這麼說起來，玩柏青哥的日本男性都有性欲求不滿的煩惱之說便成立了。這是將人類任何心理均與性連結的美國精神分析之解釋，但我認為喜歡玩柏青哥的女性有一種性格象徵，那就是不太在意他人的視線，是開放個性者。

她們不在乎別人對她進入柏青哥店內有什麼想法，一般女性當然會在意的事，她們一點也無所謂，這在氣質上具有分裂性質特徵。

這類型不論男女，多具有敏銳的一面與遲鈍的一面，因此當她們不在意他人眼光地玩夠了柏青哥之後，回到家中竟出人意料之外地進行打掃等工作，即使書架上的書傾倒也會讓她們在乎。

94 喜歡幻想的女性

女性的性感覺比起男性，受心理因素影響大，性行為時，女性重視寢室氣氛就是這個原因。

最近研究顯示，女性的性幻想與性愉悅關係密切。紐約社會心理學家巴巴拉·哈林頓對一四一位主婦進行調查，結果發現六五%的女性在與丈夫進行性行為時，抱時「性幻想」，而其中三七%的人更告白這種經驗「經常出現」。

哈林頓針對其中五六人進行訪談，做深入調查，根據他的報告，「幻想不會使性慾減退，也不是逃避性，而是為了使性更愉快。也就是當丈夫不能勾起自己的性慾時，只有靠幻想愉悅自己」。

不單單指性幻想，只要是喜歡幻想的女性，均能為自己創造更愉悅的生活，這種女性可以說具備豐富的獨立能力。

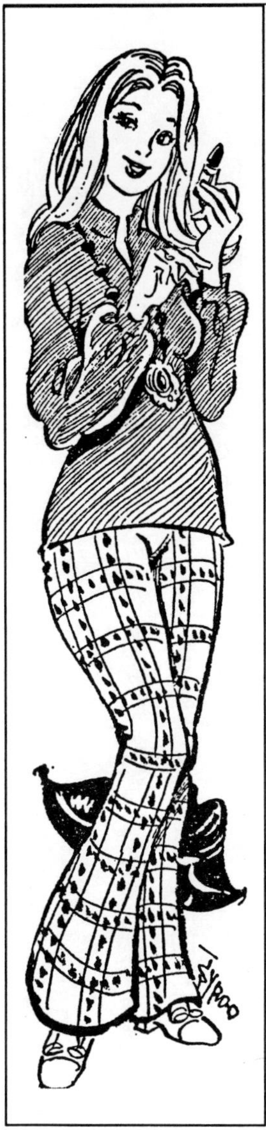

95 塗濃口紅的女性

以前化濃妝的女性總被視是妓女，就像舞台演員一樣，藉著厚厚的一層粉掩飾肌膚的衰疲。但最近可不是這樣了，想必各位也經常在路上、車上遇見化濃妝的年輕女性吧！

其中一個可能是剛從鄉下到大都市上班的女性，她們缺乏化妝常識與判斷力，所以往往不知不覺就在臉上塗了厚厚一層粉。這種場合除外，化濃妝，尤其是塗濃口紅的女性，出乎意料之外，多半是頭腦不錯的女性。我的經驗也告訴我，在女子大學舞會上塗得像小丑一樣濃的女性，竟多為普通不打扮的成績優秀女性。

她們並非因自己的感覺而打扮、化妝，而是因為觀念認為該這麼做，與其說她們是為了使自己更美，不如說她們是基於女性應該化妝的觀念。

例如，她們對「唇即女性性感象徵」的俗說深信不疑，因此為了展示性感而塗上厚厚一層口紅。這種「在頭腦化妝的女性」，具有缺乏柔軟性的男性觀，多半為像男性的女性。

原來化妝是女性為了讓自己看起來更美的特有可憐心願，如果不是基於這層理由，只是認為塗一點比較好，因此在自己臉上擦上厚厚一層粉、塗上厚厚一層口紅，則可說是缺乏女性情緒的表現。

96 噴很濃香水的女性

有種動物一到發情期，便會分泌出具有強烈刺激味道的物質，以這種味道吸引異性，等異性到手後，這種氣味自然消失。對於人類女性而言，香水的作用就和動物場合相似。

女性噴香水當然有藉以消除體臭的含意，而氣味濃郁的香水，則有強烈性含義，也就是希望自己身旁有許多男人聚集的慾望。這類型女性現在一定還沒有固定男朋友，所以需要用香味誘惑男性。

相對於此，現在已有固定男伴的女性，就不再需要吸引不特定多數男性，自然地便停止使用香水，或輕輕抹一點男朋友所喜歡的香水。

如上所述，香水的有無、強弱均能悄悄地告訴各位，身旁女性的性生活內容。

97 喜歡抽象畫的女性

有句話說「文如其表」，但在視覺媒體發達的現在，年輕人寧願選擇比文章更能正確表現一個人的攝影。佛羅里達大學心理學者曾對攝影科學生進行下列實驗。請十七位學生從一〇九個形容詞當中，選出最能代表自己的性格及氣質的形容詞。根據實驗顯示，挑選愈多形容詞的學生，愈具有複雜性格。接下來，給予他們「請拍攝表示你與他人關係的照片」這個課題，最後發現在前述測驗中，有「複雜性格」傾向的學生，所交出來的照片都是抽象性、幾何學。

不僅照片，喜歡抽象畫的人也多半具有複雜性格，這一點男女通用。但女性在社會上的表現場合、地位均比男性差，所以就顯得比較內向，再加上在工作場所發言機會比男性少，具體表現技術欠佳，因此更內向了。對男性而言，這種女性自我本位心重、難以相處。

98 女性開始關心新興趣時

有位女性平常喜歡茶道、花藝及刺繡，有一天突然開始談論高爾夫球，而且沒多久就見她開始上場練習，她這種突然變化的含意是什麼？

女性突然有新嗜好，或嗜好突然改變，多為談戀愛或有鍾情男性。這時會出現二種類型。第一種可稱為情感型，戀人喜歡什麼她就配合他學什麼，例如，戀人熱衷高爾夫球，她就開始學習打高爾夫球，戀人喜歡唱歌，她就跟著他上卡拉ＯＫ練唱。第二種可以稱為知性型，當戀人熱衷於網球、攝影時，她則開始學習他完全不同的開車、調酒工夫等，在短期間內讓戀人吃驚。

上述二類型均為「同一視」之一種，也就是自己在無意識中與戀人同一的感情表達，但如果極度表現，恐怕會和戀人發生摩擦，造成破碎結局。

99 以各種小裝飾品佈置房間的女性

有些女性喜歡用小東西佈置房間，書櫃中一整套洋娃娃、花瓶下的蕾絲花瓶墊、書上擺著旅遊紀念品……等等，可看性非常高。

感覺好壞在於其次，這種女性一定具有顧家性質，因為這些裝飾品就是她熱心築巢的最佳證據。

鳥類及各種動物為了培育下一代，均會築巢照顧新生代，這個巢不僅可以禦敵，還可讓牠們專心育兒，因此牠們會挑選最適合自己的質材築巢。

人類的家就像動物的巢一樣，裝飾自己的家，就是築巢的本能欲求，這類型女性寧願當個家庭主婦，在家扮演賢妻良母的角色，也不願外出工作忽略家庭。這類型單身女郎可說是最佳妻子人選。

100 在普通用品中隱藏不相襯的華麗用品之女性

有位銀行女職員因冒領幾億日幣供男朋友花用，因此吃上官司。這位女職員平日工作熱心，深得上司信賴，平常穿著並不特別醒目，看不出她是過豪華生活的人。但事件發生後，才知道她擁有許多高價珠寶。

像她這種人，憧憬與現在自己世界不同的另一個世界，雖然自我顯示性強，但卻不表現出來，自己偽裝掩飾得很好。但當賭輸錢的男朋友在一旁煽動後，她的本性就慢慢顯露出來了。

一般而言，人離開所屬社會集團後，心理上便自由地隸屬於數個集團，尤其是女性的場合，也許會羨慕演藝人員華麗的世界，而測量尺度之一，就是看她們的服裝、用品。像上述銀行女職員，雖然穿著普通，但卻擁有高價珠寶，這便表現出對華麗世界的憧憬。

101 喜歡藍色系的女性穿紅色系衣服時

大家都知道，顏色分為暖色與寒色二系統。看了使人感到溫暖的紅、粉紅等色是暖色，使人感到寒冷的藍、綠等色是寒色。

暖色系又名膨脹色，也就是看起來比實際大。寒色又名收縮色，看起來比實際小。

喜歡穿著暖色系服裝的女性，感情豐富，會對男性採取積極行動。喜歡寒色系的女性，具有冷靜、沈著性格，這種女性很少會自己主動和男性說話，氣質上具有分裂性氣質。

這類型女性如果突然穿著紅色、粉紅色等醒目服裝，不是那天心情特別好，就是談戀愛了。怎麼說呢？寒色系具有使心情冷靜的傾向，相對於此，暖色系則可發揮活潑作用，使心情浮動起來。這種轉變正說明她當天的解放心情。

第五章

從態度解讀女人心

《本章摘要》

女性的「討厭」就是「喜歡」？

以上各章已從動作、習慣、語言、嗜好等方面解讀女人心，第五章則將上述尚未論及的部分做總歸類，稱之為「從態度解讀女人心」，此處所稱的態度，請各位從廣義範圍解釋。從態度分辨女人心，我們著重在舉動、行為、意見等內容，我們平常所說的「高傲態度」、「冷漠態度」、「目中無人態度」等等，大體上均不離此三種範圍。

心理學對態度的定義是，「觀察不可能的潛在行動傾向」，但在現實生活中，我們多半使用態度＝行動的意義。說得稍微深入一點，心理學者D・凱茲稱「態度」有四種機能，亦即適應機能、自我防衛機能、價值表現機能、知識機能。各項詳細說明在此省略，本章只針對與態度有密切關係的價值表現機能做說明。所謂價值表現機能，簡單說就是「區分好與壞」的作用。每個人都有「希望向他人傳達好壞判斷」的欲求，在女性的場合，這種表達方法較男性委婉，所以俗稱女人所說的「討厭」就是「喜歡」之意，但如果長期如此，則當妳真正「討厭」時，男性也會認為你喜歡。

在此，先敘述態度是如何形成的。心理學家宮城音彌先生將人類性格分為三層，最接近人心正中部分，是這個人與生俱來的氣質，此氣質終生不變。接著是「狹義的性格」層，這部分可能改變，但屬於比較安定的部分。再接著是態度層，這一層是人在社會中發生的作用——公司總經理、運動選手、技師——含括各層面，是人格中變化最大的一層。

為什麼男性無法理解女性的態度？

女性態度對男性而言不可理解的原因之一，是女性責任未分化，因為在社會上的地位不明確，所以無法像男性那樣表現清楚的行動，以致於態度表現曖昧。

相對於男性從小有以行動表示感覺的傾向，女性則有抑制傾向，這也是理由之一。這種傾向在成長後仍然持續，女性容易以不清楚表示「好」、「壞」來明哲保身的傾向，而原因之一是女性為受身存在，不清楚表示選擇對自己好像比較有利。例如，對討厭的對象不說「討厭」，對喜歡的對象又不說「喜歡」，「對象」的選擇幅度寬廣，能接受多人給予的愛情，使人緣欲求得到滿足。也許女性有點嚴酷，但在這時候，態度曖昧則是一種讓男性接近的手段。

女性態度曖昧還有一個理由，女性中往往有人無法以自己意思決定一件事，最近雖然女權意識高漲，但由於從小的教養習慣，使得女性還殘留此一缺點，極端的情形甚至於已經論及婚姻了，還在猶疑不決，此時必須父親一聲令下才下定決心。

關於性方面也是，女性與男性不同，結婚前自覺性衝動的人很少，大體上都是婚後才經由丈夫開發，這也是女性行動在男性眼中含糊的理由之一。換言之，到達某個年齡便自然感覺到性慾的男性，與無此自覺的女性之間，即存在著相互理解困難的癥結。

如此一來，就造成男性認為女性的「討厭」就是「喜歡」的「常識」。實際上，女性心理更錯綜複雜，並非此一原則即可說明完全。

像這種「綜合論」的說法，還無法掌握真正的女人心，要掌握真正的女人心，就必須依各個女性實際狀況判斷，也就是採取「各別論」。

102 善於交際的社交型女性

你一定知道一、二位善於交際，在各方面均能與人侃侃而談的女性吧！她們富於社交性、接受程度高，你大概認為可以長久交往吧！

但充滿社交性的女性，其性格也有正好相反的二種類型。第一，與外在社交性完全同性質的內在。這類女性往往將躁鬱的「躁」表現於外，總是充滿活力、積極行動，會照顧家人的好妻子。

值得注意的是第二類型。外在具社交性，但一回到家就脫下一層虛偽外衣一般。這種女性歇斯底里性格強烈，習慣被人褒獎、讚美，為了獲得人緣，外出時便下意識吸引他人眼光，因此也許在外面表現得具有豐富社交性，但這對她們而言只是努力的演技而已，回到家之後，由於能源消耗完了，便表現出不親切的態度。

103 好奇心旺盛的女性

好幾年前，有一部『我是好奇心強的女人』電影頗受好評。就如片名所示，內容談論一位好奇心旺盛的女人故事，生動地描述這位女性在樹上、水中等各種場面嘗試性行為的生態。

當然，好奇心絕不應被指責，對人類而言，好奇心是文明進步的原動力，一切發明、發現、研究、探險都是因為人類有「為什麼」的疑問，以及「更想知道」的慾望。但問題出在於好奇心的對象。

女性往往傾向於與人際關係無關的性或異性方面，前述之電影故事主角就是典型例子。

好奇心旺盛的女性，無法專心於一件事，多半為善變的人。在性需求方面，她追求多采多姿的快感，玩樂要素強烈。當然，如果好奇心往學問、藝術、運動等方面發展，則很可能在這些領域有傑出表現。

104 輕視自己能力的女性

有些女性對於任何事都表示「我不會」、「我沒辦法」這種卑下態度，其實在談論能力之前，這是本人缺乏「幹勁」的表現。女性一旦喪失「幹勁」，想再恢復就很難了。

就像這個例子。美國俄亥俄州有位學者曾以九十六位小學四年級學生為對象，進行「幹勁」實驗，請大家在黑板上任意描繪的八個角度當中，選出和教科書中某個角度相同者，並在排練後讓大家預測自己的分數，接著進行測驗。結果女生雖然在排練時成功，但只要第一次測驗失敗，下次測驗預估分數便大幅滑落。

反之，男性不論結果如何，均對未來做客觀的預測。這雖然是小孩的故事，但到大人後仍然一樣。

女性容易受周圍氣氛、當時心情、感情所支配，應做的事變成不會做了，若因此而被罵，則一點幹勁都沒有了。在解答數學題目時也一樣，只要遇到一點小麻煩，就不再繼續往下看地表示「我不會」。此時的「不會」、「不行」其實代表的是她們缺乏「幹勁」。

而她們這種彆扭表示的同時，也就是希望你給予鼓勵、拉她一把。這種女性對於重視工作的男性而言，實在很麻煩，因為她們做事時不論工作難易度，只以當時有無「幹勁」來決定「會、不會」。

105 對屬下趾高氣揚的女性

你大概看過在餐廳穿著高貴的婦女型女性，對著侍者趾高氣揚地說話的光景吧！而在機關內部，也有未婚女性學者對屬下研究員使來喚去的情形。

這類型女性多半在經濟、物質方面條件良好，但心中的空虛度卻與此成反比。不論男女都一樣，真正有實力、地位高的人，是不會對屬下表現出趾高氣揚的態度，缺乏實力卻擁有不相稱地位的人，因為對自己沒信心，便容易在態度上出軌。

這麼說也許有人認為，女性學者有實力、得到現在這個地位，應該有自信啊！但女性的場合，即使她們得到相當的地位，但真正擁有自信的人卻少之又少。原因在於現在社會還是男性主導型社會，很難接受一位獨當一面的女性。

這類型女性欲求不滿，但多半自己沒注意到，因此，便將不滿表現在對待屬下的態度上。

106 注意到男性服裝細微變化的女性

女性以服裝判斷男性人格、能力的傾向強，往往認為穿著體面的男性就是「了不起的人」、「有地位的人」所以被外表所騙而和花花公子結婚的悲劇始終不絕。

其實本來就不能只憑服裝判斷男性的人格、能力，但女性對男性人格的關心，卻首先表現於關心服裝。所以假使有女性一眼就注意到你的新襯衫、新領帶，那就是對你這個人表示關心。

如果你收到女性贈送的領帶禮物，則可說女性對你情意深刻，也許她還會告訴你，這條領帶配哪一件襯衫最合適，這些在在均是照顧家庭型女性的好意表現，利用服裝傳達內心情意。

如果你也有情的話，就請你對她的好意做出反應。

107 避開異性、金錢話題的女性

我和年輕女性一起看電視時，畫面上出現男性裸露上半身，露出濃密的胸毛及強健的肌肉。此時這位女性突然表示「好噁心」，並將視線移開，我立刻說道：「妳對這很有興趣。」她脹紅了臉否定：「不是，我看了就想吐，不敢正視。」

我想她也許沒意識到自己這種行為，其實正是慾望的表現。說得坦白一點，在面對異性、金錢等自己有強烈慾望的對象時，這種慾望愈強，就愈害怕去注意，無意識中會將目光移開。

尤其當這種慾望不在一般道德、倫理規範之內時，這種壓抑與慾望就會起糾紛，一瞬間不知眼光、言語如何處理。

就像當一個人說謊或言不由衷時，往往自己的目光會逃避對方目光，女性受世間壓抑多，也使得這種傾向增強。

108 女性求吻時

對於男性而言，接吻是與女性從精神愛深入至肉體次元愛的最初階段。吻可以說是愛情的表現，也是性慾表現的手段。但男性如果因為這樣就要求肉體愛情表現，可能會遭到失敗結果。

曾有一位年輕人問道：「有一夜和她在公園散步，她突然對我說：『吻我！』我希望自己的肉體與她的肉體結合，於是帶她到旅社，沒想到她卻說：『你真齷齪！我們到此為止』。這是為什麼呢？」

很明顯地，他看錯她的本心，女性要求接吻，並非要求肉體愛，而是希望藉此證明精神愛。對男性而言，接吻很可能只是肉體愛的表現行為，但對女性而言。接吻絕非肉體愛的表現。

古時候有這麼一說法，賣春婦女可以輕易出賣肉體，但卻只將吻獻給心愛的男性，可見女性將吻視為神聖的行為。

109 憧憬個性魅力的女性

聽聽女性們對於美容的想法，發現各式各樣回答所反映出的現實。「希望成為美女」、「希望更有女人味」、「希望相貌出眾」等等，其中回答「希望創造個性魅力」的女性，出乎意外地竟占最多數，而且她們具有某種共通性。

一言以蔽之，她們對容貌、姿態缺乏自信。當然，「美」的概念很主觀，即使稱為「美女」，但並沒有明確的實義，而且女性中「有美女」、「非美女」也是事實。沒有人能否認，美麗與否大大左右一位女性的命運，這就是人世間的現實狀態。更有人因為自己不美，因此對自己缺乏信心。

因此，她們不喜歡以容姿美醜來談論女性的魅力，於是就有了「個性」這個價值基準。

的確，依場合不同，人也具有超越美醜的魅力，這反映在肉眼看不見的內在美，內在美拯救了不少容貌不美的女性。即使沒有與生俱來的美貌，但卻獲得個性上人人不同的「美」。

某位知名美容家就曾表示，許多女性「希望美麗」，坦白說實在難以達到，「找出個性」事實上才是展現魅力的基本之道。

110 假裝花心的女性

在男性世界裡，一板一眼的人讓人討厭，說起話來風趣幽默，感覺像個花心少爺的人，比這種假裝品德崇高的人可愛多了。但如果女性假裝花心或品德崇高的場合，就無法如此善意解釋了。

笹澤左保先生在『給戀愛中的女人』小品文中也提到這種女性。這種女性喜歡派頭，周圍的人覺得她是個花心女性，但實際上她還是個處女，表現得好像身旁一大堆男朋友的樣子，結果反而造成自己的負擔。分析她們的心理，她們打從心底渴望性經驗，但卻沒勇氣這麼做，以致於她到某個年齡還是處女，但她又覺得這是可恥的事，不喜歡讓人家知道。

總而言之，女性假裝花心或道德崇高，是一種缺乏經驗的補償作用，向周圍男性誇示自己並非缺乏經驗的幼稚女性，這是一種求得心理平衡的「代償行為」。往往有被女性這種態度所矇騙，上當後才發現她是處女的例子。

111 要求男性發誓的女性

莎士比亞『西伯利」中有「男發誓、女變心」之名言，巧妙說明女人心。

不少女性喜歡要求男性發誓「永不背叛」、「永不拋棄」，但這種女性反而容易背叛男性。發誓是對自己忠誠度的表現，女性藉此確認自己存在對於男性的價值。

事實上，這種自己價值的確認，才是這種女性真正的目的，這項目的藉著一個男人而達成後，便會為了追求新的證言而投入另一位男性的懷抱。

這種現象在沒受到他人評價內心不安的女性身上尤其顯著，這也是缺乏自主性女性的特性。就這樣，不斷要求男性發誓不背叛自己，自己卻不斷背叛對方。

這是一種對男性不信任所引起的惡性循環結果，但她自己卻沒警覺，終於陷入不可自拔之地步。

112 不斷附和對方的女性

當你和女性談話時，一定會發現有些女性習慣性附和對方的話。一般而言，女性追縱性比男性強，對於他人的話，附和次數也比男性多上好幾倍，因此，不能斷定女性附和對方的話，就是對彼此交談感到興趣，或本身很投入之意。

男性通常會對不關心、不重視的話保持沈默，但女性則依然附和。

現在問題是附和的方式。根據我的經驗，在每段話之間習慣點二次頭的單調附和方式，你必須對她是否理解談話內容質疑，這種女性只是捕捉對方聲音節奏，像樂器合奏般配合打拍子而已。

不單單「點頭」，還加入言語的附和，則一定是她投入談話內容。本身不投入或根本不想聽的時候，就會出現拒絕反應。

113 對賣春婦故事感到興趣的女性

對於女性而言，賣春婦亦即妓女的存在具有某種特殊意義，因為她以身為人最重要的「性」為職業，所以特別敏感。

至少對女性而言，會注意到賣春婦的存在，其中對賣春婦故事特別有興趣的女性，也是心理學上一個有趣的分析對象。

例如對描寫賣春婦女生活電影感動的女性，美國女性精神分析醫師就分析這些女性具有豐富想像力，敘述如下：「現在描寫女性性幻想世界的電影、小說很少，所以偶爾出現這類電影，立刻會引起共鳴，這類型女性是只要有個開頭，想像力便不斷運行的人。」

對於「世界上最具『性』的存在」之賣春婦憧憬的女性，必定具有豐富想力。

114 牢記和男性相處時各項小事的女性

女性和喜歡的男性初次約會時，男性繫什麼樣的領帶？當時在哪一家餐廳吃飯？點了哪些菜？等等小事，女性往往在記憶中留下鮮明印象，而且好像永遠抹不掉，女性的記憶力真是不可思議。

一般女性的特徵是對於本質之事不記得，對於瑣碎小事卻記得一清二楚，這是因為女性比男性以自我為中心，除了自己有興趣的事以外，什麼也看不見。

因此，女性記憶便缺乏整體性，只是零零散散的片斷而已。

從這種女性心理特質來看，如果某位女性記得和你共處時你所說的話、你的服裝等等小細節，那就表示她對你很關心。如果你不了解女人心，認為女人只會記這些沒用的事，那你對女人心就太無知了。

115 對裸體神經質的女性

美國心理學家西莫・菲夏曾做過這麼一個實驗。請數位女性聚集在一起，首先很自然地談論對自己肉體的印象、感情。接著請她們裸體接受婦產科檢查，觀察她們裹著一條布的樣子，然後更進一步詢問其性生活概況，藉此明瞭裸體與高潮的關係。

菲夏博士得到的結論如下：即使裸體也不會感到特別不安，始終以平穩態度應對的女性，性生活十分圓滿。反之，一裸體就好像完全失去自己一樣，表現出不安定、不穩定態度的女性，達到性高潮的經驗較少。

從博士的說法來看，日常性生活滿足的女性，裸體無疑是一種誇示性。而即使在婦產科醫師面前裸體都顯得神經質的女性，則多為性生活不滿足者。

116
自己與他人均認為美貌的女性

任誰看了都會稱讚其美麗容姿的女性，很可能和一位不起眼的男性結婚，令周圍人大吃一驚。

被她甩開的男性們，論家世、學歷、職業都不比雀屏中選的男性低，但他們卻和這位男性有一點不同。

自己與他人均認為美貌的女性，孩提時代起即在周圍的讚美聲中成長，在家中是鄰居、親戚眼中「漂亮的小孩」，在學校則是被捧在手心的「校花」，等踏出社會工作，又集男性目光於一身。

這樣從小到大在讚美聲中長大的女性，再怎麼謙虛也多少會有點「自認美麗」的驕傲，態度當然比較高傲。對於這種女性，大部分男性只會稱讚她的美麗，但多年下來，這些讚美詞句已經不再能讓她心花怒放了，因為這些好評對她而言已成理所當然，所以這些男性對她而言當然也極為平凡，不可能在她心裡留下強烈印象。

這時候，瞭解女人心的男性，絕對不會稱讚她的美貌，而會轉而稱讚她美貌之外的長處，這一點肯定和其他男性不同。

只要是人，就一定喜歡被稱讚，但被稱讚的是自己所不知道的長處，比被稱讚自己與他人均認同的長處快樂加倍，而且愈高傲的人效果愈大。

流行作家對自己作品被稱讚不會有太大的喜悅，但如果是釣魚、高爾夫球等技能被稱讚，內心便會感到極度喜悅，因為那代表自己另一片寬廣的天空。

117 在餐廳、酒吧分擔自己費用的女性

通常認為學校、公司的學長、學弟一起到餐廳用餐，或喝酒、唱歌時，學弟幫學長付帳是對學長尊敬的表現，這在男女關係也適用。

一般男女一起用餐，如果二人經濟平等，則大部分是由男性付帳，這時候平日小氣的男性，也不會等著女性付帳，而女性也基於讓男性付帳是愛情的表現，所以很少搶著付錢。

如果女性付自己的部分，則是與對方男性保持距離的特殊場合，此時女性可能對男性的好意感到困擾，或者現在還好，但想漸漸離開對方的證據。

換句話說，女性藉著負擔金錢而逃避心理負擔，這種不願平白接受他人好意的習性，也反映在男女關係上。

118 經不起「理想」「進步」等抽象語的女性

很多男性喜歡在年輕女性面前使用「理想」「進步」等抽象語，這在具分辨能力的大男人看來，根本是空洞的理論，但卻有不少女性將此善意解釋成頭腦好、認真、理想中的男性。禁不起男性這類冠冕堂皇話的女性，多為男性經驗少、不瞭解男性的人，因此覺得他們的話很有道理。

女性的思考型態非理論性，而是感覺性，也就是男性主智、女性主情。經不起抽象語的女性，對理論反應弱，也是對男性劣等感情的表現，因為她們往往被好說小道理的男性牽著鼻子走。

這種女性婚後不瞭解理想與現實不一致，往往因此自怨自艾，認為自己背負世間不幸，每日過著痛苦的生活。

119 看著菜單不知該點什麼的女性

你應該會約中意的女性上餐廳吧！當她看著菜單，嘴中喃喃唸著「我該點××、○○或△△」時，你有什麼感想？「她被我約出來，好像很開心的樣子！」或「這女孩怎麼一點主見也沒有？」

的確，女性一般均有猶豫不決的傾向，「該吃什麼」「該和誰去」、「該穿什麼」，是女性很難下決定的三種代表類型，我稱之為「女性三迷」。但並不是貶低女性的意思，而是指自己過於謹慎或猶豫不決，有時會讓男性焦

慮。

尤其是和男性一起到餐廳，清楚地表示要點什麼的女性，和男性的關係便有一點問題。對女性而言，清清楚楚表示自己想吃什麼，一點問題也沒有，但對於同行男性而言，此種場面就是重大問題了。怎麼說呢？

因為她們看起來並不重視他的存在，受他邀約，卻不等他推薦，或不在乎他點了些什麼，就獨自決定自己的內容。

也許他想點些具有特色的料理，或者希望二人一起享受同一道美味可口的菜色，但她卻完全沒體會出他的心態，自己也缺乏與對方融為一體的親近感。還不如二人邊談邊決定點這個、那個，同時也可在迷惘中享受遊戲之樂，增加二人共處時刻的輕鬆喜悅，這才是女性真情意的表現。

120 身體右側較敏感的女性

男性與女性同行或做愛時，通常男性位於女右側位置，但也有些女性對此感到不安，出現不靈活的反應。關於這一點，生理反應學博士西莫・菲夏提出非常有趣的學說。

「女性身體右側接觸男性最自然。右側敏感的女性，心情平穩，能與他人和平相處，同時也希望得到他人瞭解」。

根據博士說法，人類右側發達的人佔壓倒性多數，右側是「利側」，在身體右半側的神經，和在延髓附近交叉的大腦左半球相連，這時以身體右側為生活主體最自然。

這麼說起來，右側發達但卻左側「感覺」強的女性，生理均衡失調，精神平衡感也喪失。很可惜，我沒有親身經驗，但右側敏感的生活的確讓我感到適應，而且精神安定，與他人摩擦少。

121 邊和男性說話邊玩弄耳環的女性

我有一位朋友，造訪一位女性住宅商談寶石生意，在商談中無意觸及丈夫的話題，她丈夫是位記者，很喜歡拳擊、相撲等爭鬥運動。當她說到與丈夫相親的情形時，便不自覺玩弄起耳環來。

聽了他的敘述，我說道：「因為你沒被她誘惑啊！」友人若有所思地回答：「我也注意到她玩弄耳環的動作，但真是這個意思嗎？」

女性的耳朵和性器、乳房一樣，是重要性感帶，也可以說耳環是性象徵之一。無意識地用手玩弄耳環，無非是想集中男性的注意力，這無疑就是向對方傳達性意願的態度。

122 討厭女權運動的女性

為了使女性地位提高、改革男性主導型社會，世上出現各種女權運動，我想各位女性都會舉雙手贊成，即使自己不積極參與女權運動，至少也會歡迎這種對女性而言的「正義運動」。

但出乎意料之外，竟有不少女性認為男性走上街頭是理所當然，女性則不然。

這是什麼心理呢？我們來看看以下實驗。美國心理學家菲利普・

高爾登讓八十二位學生看三十位女學生的照片，請他們選出看起來像支持女權運動的十五位女學生，然後再讓另一組人看這三十張照片，請他們區分美女與醜女。結果如何？前一組選出支持女性運動的照片與後一組選出的醜女照片完全一致。

這項實驗說明一般人認為「醜女會走上街頭參與女權運動」，而且令人更吃驚的是，自認為是女權運動支持者的學生，也是被選為醜女者。

從這裡得到一個結論，女性討厭女權運動時，是因為她們認為女權運動集團是醜女集團，而她們自認為並不醜。

她們滿足於男性主導型社會，自覺能在這種社會中安逸渡日，因此平常勤於學習處世技巧，對她們而言，女權運動不但不是什麼「正義之聲」，反而是破壞目前體制社會的大敵。

123 在餐廳點比男性價格高的料理

小說家H與二位年輕女性一起到高級中國餐廳用餐，當然，她已經有付帳的打算，所以不論女性怎麼點都可以接受。然而，這回他估計錯誤了，因為她們不但點了這家餐廳最昂貴的菜，而且配菜方式毫無常識，讓他覺得很沒面子。

受邀用餐時，點菜當然應該有節制，亦即客隨主便。很明顯地，剛剛年輕女性沒考慮到這一點。

不只是上述例子，當女性和男性一起用餐時，姑且不論哪一方付帳，但女性點比男性高價的料理，是一種以自我為中心、無視對方立場的表現，即使偶然依喜好挑選比男性貴的菜色，也應該基於一起分享為目的。男性在與前述女性交往時，應該有點「覺悟」。

124 女性突然表現溫柔、誠懇時

有位文藝評論家在其著書中，用到「妻子的直覺」一詞。不論丈夫多麼巧妙地掩飾花心，妻子都能利用直覺發現。

的確，女性的「感覺」令男性卻步，但如果反過來是女性花心，或者做了什麼虧心事時，會表現出什麼徵候呢？關於這一點，因為女性不像男性那般經過社會磨練，所以往往會以「善行」來彌補自己的罪過，也就是突然變得親切、誠懇。

其實男性有時候也有這種傾向，像是送禮物等等，也許女性也會懷疑「你突然對我這麼好，是不是做了什麼對不起我的事」。女性在保持感情面平衡的傾向強，無法像男性那般「知性」，因此會以「女性感」來表現，此時男性也應該以「丈夫的直覺」寬容、冷靜應付。

125 善解人意的女性

數年前亡故的古今亭志生先生，在滑稽故事中，經常提到「好女人」，這個「好女人」具備了年輕、貌美、頭腦好、體貼、懂事等男性腦海中理想女性像，志生先生在表現「好女人」時，總會在「好」的部分加強語調，讓聽者湧出會心一笑。

但同樣是「好女人」，「善解人意的女人」也是「好女人」嗎？不完全是。的確，比起對丈夫問東問西、丈夫說什麼都不得她心的

「不善解人意」妻子，丈夫多花點錢、做什麼事均以寬容微笑對待的「善解人意」妻子，對男性而言真是福氣。

但對任何事都唯唯是諾，以寬容心對待的女性，很明顯地缺乏自主力、隨波逐流。一旦遭遇重大局面時，往往會往反方向行。

總而言之，這種「善解人意」很可能演變成允許男性放縱、任性的「過保護傾向」。

例如，如果妻子不在生活經濟、社會節制方面警告丈夫必須適可而止，不能負起栓住丈夫的任務時，整個家庭生活就很可能被破壞。

從另外一個角度來看，「不善解人意」的妻子，卻可說是生活上的「安全裝置」。

「善解人意的女性」和「好女人」一樣都是男性的理想，但實際生活上卻不見得合適，可以說離賢妻良母還有一段距離。

126 女性輕鬆地和男性商量事情時

男性往往會因為女性輕鬆地和自己商量事情，便認為這是愛情的表現。

其實男性這種想法錯了，這只是愛情小說、電影中常見的型式。例如，女主角隨便接受某位男性邀約，吃飯、喝酒，喝得酩酊大醉後開始啜泣，並喃喃說道：「只有你是我的依靠。」男性信以為真地接受，並沈醉在「她愛我，藉酒醉向我告白愛情」的喜悅中。然而實際上，她心中另有愛慕對象，由於無法向對方訴說愛意，痛苦之餘才向眼前男性哭訴而已。

女性對於真正喜歡的對象，往往很難輕鬆對待，因為自己在無意識中希望在對方面前展現最美好的一面，有了這層心理作用，在喜歡男性面前便有所顧忌，無法輕鬆表現內心感受。

人們常說「戀愛中的女人最美」，就是這個原因，她們一定會比平常更注意服裝搭配、化妝打扮，讓自己顯得更美。

反之，像前面所舉例子，女性輕鬆自在地與男性交談，一點顧慮也沒有，則這位男性對她而言並非重要存在對象。

因此，女性對男性表現親近感，多半並非愛情表現，如果她反而不像以前那麼坦率地與你交談、輕鬆交往，你就得注意了。也許有一天，這種單純的親切會一變而為戀愛感情。

127 相信自己是一流的女性

最近許多女性在政治、經濟、藝術等各種分野上活躍於第一線，當然，人數比男性少得多，但與昔日比起來，可算壯觀了。

但這些女性當中，以公平的眼光來看，也有實力不是那麼好，卻自認是「一流」的工作者。這類型女性充滿自信、不膽怯，而且對屬下趾高氣揚，不在意周圍眼光地責罵屬下。

女性表現這種態度有其歷史背景。女性從「屬於男性」的角色中掙脫，在以男性為主的社會中，需要「更大」的努力，讓他人看見超過自己以上的能力，為了彌補信心之不足，女性便會以較強悍的態度，來掩蓋身為女性的弱勢立場。

128 被稱讚美貌而沾沾自喜的女性

罵人很容易，讚美人可就難了，尤其是讚美女性的場合更是如此。你讚美一位自認美麗的女性貌美，她絕不會高興，而你讚美一位自認為不美的女性貌美，她也一定不相信你的話。

會因他人稱讚自己貌美而沾沾自喜的，只有自己無法正確評估自己的極平凡女性。就像英國政治家查斯達夫德所言，「美女與醜女希望被讚美知性、不美不醜的女性希望被讚美美貌」。

再反過來看，會因被稱讚貌美而沾沾自喜的女性，自己缺乏客觀觀點，容易受他人語言所煽動，不僅容貌，能力、性格各方面均同。

從「想向女人求愛，就不停地讚美她」、「想向女人求愛，掌握氣氛是訣竅」等話語無法絕跡的情形來看，世上認為自己不美不醜的女性何其多啊！想擄獲女人心，就得動動腦。

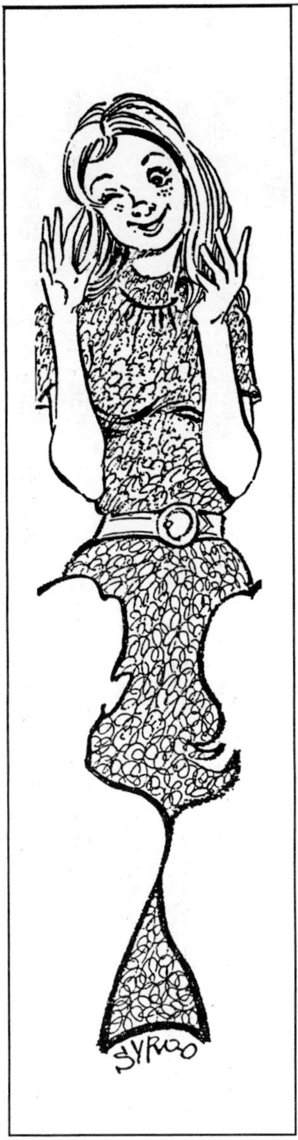

129 誇張自己缺點的女性

佛教用語中有「增上慢」、「卑下慢」之詞，兩者均離悟道境地尚遠。根據我所見，對自己不會之事謙遜地表示不會的「卑下慢」，比對於自己會的事自豪的「增上慢」多得多。乍看之下是女性特有的謙虛表現，但事實上「卑下慢」是使自己看起來高一點的技巧。在她們口口聲聲「我什麼都不會」這句話背後，隱藏著「你不瞭解的優點」之輕蔑意思。外表態度謙遜，但實際上內心卻極待受讚美，這多半是自我宣傳的手段。

經常將「真不好意思」掛在嘴邊的人，事實上根本不會不好意思，大都市裡許多這種「不好意思太太」，其實都是高傲女性的假面具。

以自己為卑下的女性，真正本心都是高傲、希望獲得讚美。有位裸體攝影專家就表示，對自己身體沒信心而不願裸體的女性，其實要讓她脫光衣服很簡單，只要你讚美她某項長處即可，這是輕而易舉的事情，也巧妙地道盡女性心機。

不管怎麼說，還是儘量不要接近這種卑下慢型女性比較好，因為她們心裡非常屈折，稍微被讚美一下就會變成「增上慢」，凡事都顯出高傲的姿態。這類型女性一旦和男性親近之後，便會露出本性，即使這種屈折心理困擾男性也不以為意，我稱這類型女性為「屈折女人」，請你小心。

130 對強姦、輪姦事件感興趣的女性

普通女性聽到強姦、輪姦字眼就會皺眉頭，但世界上也有人對這類新聞有興趣，並想像自己被強姦、輪姦的樣子。這大概是男性經驗豐富、紅杏出牆的女性，她們並非性異常，而是對現在身旁的男性有著強烈不安感。

根據美國某位精神分析醫師表示，這種女性心理「不論是否想與複數男性進行性行為，但她將一對一關係擺在一旁，如此一來，二人相愛時存在的親密感便消失。如果太過於親密時，女性便有一種不安感，於是輪姦幻想在這時候就發揮擴散不安的作用。就像小孩害怕失去父母一樣，女性也害怕失去心愛的男性，這種「別離不安」便以想像被輪姦為「鎮靜劑」。

姑且不論此分析是否正確，對輪姦話題感興趣的女性，很可能是因為與現在男性關係不穩定，在缺乏自信的情況下，便對女性而言最不幸的事件感到興趣，藉此消解內心不安。

131 極端厭惡男性的女性

在擠滿人的公車上，有些女性只是稍微碰到男性的肩膀，就會產生極大的厭惡感，這最常見於家中沒有兄弟的女性身上，也許因為不太瞭解男性，所以觀念中始終存著男性很討厭的感情，對男性感到厭惡、恐怖。極端的場合，連看見男性胸毛都會聯想到動物，只要男性一靠近，便產生反射性拒絕反應，這些都是從幼兒期至成長期，殘留下來對男性厭惡的「無意痕跡」所產生的現象，在經過社會訓練後，這種觀念會淡薄。

但成人後仍對男性感到生理性厭惡的女性，有不少反而對男性抱持性關心。長期忌諱談性、性關心受壓抑的女性，為了從禁忌或壓抑中解放，反而比一般女性更關心性。

但由於無意識裡殘留對男性關心是罪惡的觀念，所以自己極力隱瞞對男性的關心，甚至於特別向他人表示對男性的厭惡感。

132 想顯露出才氣的女性

國外有句名言，「賭博、信心、才氣已經成為非年輕女性的三大武器」。對於女性而言，結婚可說是人生最大目標，對未婚年輕女性而言，從「可愛的女性」成為「可愛的妻子」是大家共通的理想。男性也多半要求結婚對象的條件是「健康可愛」、「堅強獨立」，最近更有不少男性新增列「個性好、服從丈夫」的條件。常聽人說年輕女性就業是為了找結婚對象，由此看來，專注於工作的女性還是不多。

但最近期待在工作方面與男性並駕齊驅，獲得與男性對等評價的女性增加不少，她們希望能在工作方面擔當重任。這些女性中，大部分都能兼顧工作與家庭，她們絕不會向人炫耀自己的才氣。經歷家庭與工作二項對照社會團體經驗的她們，在精神、經濟上均達安定程度，一點也不想將才氣當成自己的武器。

與男性為伍，總希望顯露才氣的女性，往往對自己的容貌、青春喪失信心，以結婚為最大目標。

她們一談到結婚就會異口同聲地表示，「女人並非只有結婚才幸福」、「我和工作結婚了」之類否定婚姻的話，但其實內心卻期待婚姻，由於婚姻不順心，便說一些投入工作的話。分析他們的心理，因為不願意承認自己不再年輕，所以對男女差別敏感，輕視那些憧憬婚姻的年輕女性，老小姐投入宗教信仰，也是基於相同心理。

133
溺愛寵物的女性

現代人流行飼養寵物，不僅貓、狗，連鱷魚、猴子都有人養在家中，實在令人驚訝，尤其是女性，常常將小寵物像小孩一樣地抱在身上。前幾天我就見到公車上有位女性將一隻看起來像外國種的小狗抱在膝上，像疼愛幼兒般地撫摸它、和它說話。

溺愛寵物的女性心理狀態，可大分為二種類型。一種是沒有愛情支撐對

象的不滿，因溺愛寵物而得到慰藉，這在心理學上也可稱為是一種「代償行為」。她們真的想將愛情奉獻給丈夫、情人，但現實生活中卻無法達到，於是藉著疼愛貓、狗得到滿足，這種情形最常見於婚齡已過的「老小姐」或未亡人身上。

另外，即使在丈夫處得到滿足，但卻始終沒有子嗣的女性，也會將對小孩的疼愛心轉移到溺愛寵物方面。

第二種類型是想擁有屬於自己的世界，將愛任意地對寵物付出的女性。她們所飼養的很少是對人類敏感反應的貓、狗等種類，而喜好容易順從她的意思之鳥、魚等反應遲鈍種類，例如小鳥、鱷魚只會發出聲音，除此之外不會產生反應。

不論已婚、未婚，她們對日常人際關係感到困擾，多半討人厭。

有孤獨癖、任性的女性，能夠在不需要像對人一樣麻煩的動物世界裡，確立只屬於自己的世界。

大展出版社有限公司	圖書目錄
地址：台北市北投區11204 致遠一路二段12巷1號 郵撥： 0166955～1	電話：(02) 8236031 8236033 傳眞：(02) 8272069

・法律專欄連載・電腦編號 58

台大法學院 法律學系／策劃
法律服務社／編著

①別讓您的權利睡著了[1]		200元
②別讓您的權利睡著了[2]		200元

・秘傳占卜系列・電腦編號 14

①手相術	淺野八郎著	150元
②人相術	淺野八郎著	150元
③西洋占星術	淺野八郎著	150元
④中國神奇占卜	淺野八郎著	150元
⑤夢判斷	淺野八郎著	150元
⑥前世、來世占卜	淺野八郎著	150元
⑦法國式血型學	淺野八郎著	150元
⑧靈感、符咒學	淺野八郎著	150元
⑨紙牌占卜學	淺野八郎著	150元
⑩ＥＳＰ超能力占卜	淺野八郎著	150元
⑪猶太數的秘術	淺野八郎著	150元
⑫新心理測驗	淺野八郎著	160元
⑬塔羅牌預言秘法	淺野八郎著	200元

・趣味心理講座・電腦編號 15

①性格測驗１	探索男與女	淺野八郎著	140元
②性格測驗２	透視人心奧秘	淺野八郎著	140元
③性格測驗３	發現陌生的自己	淺野八郎著	140元
④性格測驗４	發現你的真面目	淺野八郎著	140元
⑤性格測驗５	讓你們吃驚	淺野八郎著	140元
⑥性格測驗６	洞穿心理盲點	淺野八郎著	140元
⑦性格測驗７	探索對方心理	淺野八郎著	140元
⑧性格測驗８	由吃認識自己	淺野八郎著	140元

⑨性格測驗9	戀愛知多少	淺野八郎著	160元
⑩性格測驗10	由裝扮瞭解人心	淺野八郎著	160元
⑪性格測驗11	敲開內心玄機	淺野八郎著	140元
⑫性格測驗12	透視你的未來	淺野八郎著	140元
⑬血型與你的一生		淺野八郎著	160元
⑭趣味推理遊戲		淺野八郎著	160元
⑮行爲語言解析		淺野八郎著	160元

・婦 幼 天 地・電腦編號 16

①八萬人減肥成果	黃靜香譯	180元
②三分鐘減肥體操	楊鴻儒譯	150元
③窈窕淑女美髮秘訣	柯素娥譯	130元
④使妳更迷人	成　玉譯	130元
⑤女性的更年期	官舒妍編譯	160元
⑥胎內育兒法	李玉瓊編譯	150元
⑦早產兒袋鼠式護理	唐岱蘭譯	200元
⑧初次懷孕與生產	婦幼天地編譯組	180元
⑨初次育兒12個月	婦幼天地編譯組	180元
⑩斷乳食與幼兒食	婦幼天地編譯組	180元
⑪培養幼兒能力與性向	婦幼天地編譯組	180元
⑫培養幼兒創造力的玩具與遊戲	婦幼天地編譯組	180元
⑬幼兒的症狀與疾病	婦幼天地編譯組	180元
⑭腿部苗條健美法	婦幼天地編譯組	180元
⑮女性腰痛別忽視	婦幼天地編譯組	150元
⑯舒展身心體操術	李玉瓊編譯	130元
⑰三分鐘臉部體操	趙薇妮著	160元
⑱生動的笑容表情術	趙薇妮著	160元
⑲心曠神怡減肥法	川津祐介著	130元
⑳內衣使妳更美麗	陳玄茹譯	130元
㉑瑜伽美姿美容	黃靜香編著	150元
㉒高雅女性裝扮學	陳珮玲譯	180元
㉓蠶糞肌膚美顏法	坂梨秀子著	160元
㉔認識妳的身體	李玉瓊譯	160元
㉕產後恢復苗條體態	居理安・芙萊喬著	200元
㉖正確護髮美容法	山崎伊久江著	180元
㉗安琪拉美姿養生學	安琪拉蘭斯博瑞著	180元
㉘女體性醫學剖析	增田豐著	220元
㉙懷孕與生產剖析	岡部綾子著	180元
㉚斷奶後的健康育兒	東城百合子著	220元
㉛引出孩子幹勁的責罵藝術	多湖輝著	170元

㉜培養孩子獨立的藝術	多湖輝著	170元
㉝子宮肌瘤與卵巢囊腫	陳秀琳編著	180元
㉞下半身減肥法	納他夏・史達賓著	180元
㉟女性自然美容法	吳雅菁編著	180元
㊱再也不發胖	池園悅太郎著	170元
㊲生男生女控制術	中垣勝裕著	220元
㊳使妳的肌膚更亮麗	楊　皓編著	170元
㊴臉部輪廓變美	芝崎義夫著	180元
㊵斑點、皺紋自己治療	高須克彌著	180元
㊶面皰自己治療	伊藤雄康著	180元
㊷隨心所欲瘦身冥想法	原久子著	180元
㊸胎兒革命	鈴木丈織著	180元
㊹NS磁氣平衡法塑造窈窕奇蹟	古屋和江著	180元

・青 春 天 地・電腦編號 17

①A血型與星座	柯素娥編譯	160元
②B血型與星座	柯素娥編譯	160元
③O血型與星座	柯素娥編譯	160元
④AB血型與星座	柯素娥編譯	120元
⑤青春期性教室	呂貴嵐編譯	130元
⑥事半功倍讀書法	王毅希編譯	150元
⑦難解數學破題	宋釗宜編譯	130元
⑧速算解題技巧	宋釗宜編譯	130元
⑨小論文寫作秘訣	林顯茂編譯	120元
⑪中學生野外遊戲	熊谷康編著	120元
⑫恐怖極短篇	柯素娥編譯	130元
⑬恐怖夜話	小毛驢編譯	130元
⑭恐怖幽默短篇	小毛驢編譯	120元
⑮黑色幽默短篇	小毛驢編譯	120元
⑯靈異怪談	小毛驢編譯	130元
⑰錯覺遊戲	小毛驢編譯	130元
⑱整人遊戲	小毛驢編著	150元
⑲有趣的超常識	柯素娥編譯	130元
⑳哦！原來如此	林慶旺編譯	130元
㉑趣味競賽100種	劉名揚編譯	120元
㉒數學謎題入門	宋釗宜編譯	150元
㉓數學謎題解析	宋釗宜編譯	150元
㉔透視男女心理	林慶旺編譯	120元
㉕少女情懷的自白	李桂蘭編譯	120元
㉖由兄弟姊妹看命運	李玉瓊編譯	130元

㉗趣味的科學魔術	林慶旺編譯	150元
㉘趣味的心理實驗室	李燕玲編譯	150元
㉙愛與性心理測驗	小毛驢編譯	130元
㉚刑案推理解謎	小毛驢編譯	130元
㉛偵探常識推理	小毛驢編譯	130元
㉜偵探常識解謎	小毛驢編譯	130元
㉝偵探推理遊戲	小毛驢編譯	130元
㉞趣味的超魔術	廖玉山編著	150元
㉟趣味的珍奇發明	柯素娥編著	150元
㊱登山用具與技巧	陳瑞菊編著	150元

・健康天地・電腦編號18

①壓力的預防與治療	柯素娥編譯	130元
②超科學氣的魔力	柯素娥編譯	130元
③尿療法治病的神奇	中尾良一著	130元
④鐵證如山的尿療法奇蹟	廖玉山譯	120元
⑤一日斷食健康法	葉慈容編譯	150元
⑥胃部強健法	陳炳崑譯	120元
⑦癌症早期檢查法	廖松濤譯	160元
⑧老人痴呆症防止法	柯素娥編譯	130元
⑨松葉汁健康飲料	陳麗芬編譯	130元
⑩揉肚臍健康法	永井秋夫著	150元
⑪過勞死、猝死的預防	卓秀貞編譯	130元
⑫高血壓治療與飲食	藤山順豐著	150元
⑬老人看護指南	柯素娥編譯	150元
⑭美容外科淺談	楊啟宏著	150元
⑮美容外科新境界	楊啟宏著	150元
⑯鹽是天然的醫生	西英司郎著	140元
⑰年輕十歲不是夢	梁瑞麟譯	200元
⑱茶料理治百病	桑野和民著	180元
⑲綠茶治病寶典	桑野和民著	150元
⑳杜仲茶養顏減肥法	西田博著	150元
㉑蜂膠驚人療效	瀨長良三郎著	180元
㉒蜂膠治百病	瀨長良三郎著	180元
㉓醫藥與生活	鄭炳全著	180元
㉔鈣長生寶典	落合敏著	180元
㉕大蒜長生寶典	木下繁太郎著	160元
㉖居家自我健康檢查	石川恭三著	160元
㉗永恒的健康人生	李秀鈴譯	200元
㉘大豆卵磷脂長生寶典	劉雪卿譯	150元

㉙芳香療法	梁艾琳譯	160元
㉚醋長生寶典	柯素娥譯	180元
㉛從星座透視健康	席拉・吉蒂斯著	180元
㉜愉悅自在保健學	野本二士夫著	160元
㉝裸睡健康法	丸山淳士等著	160元
㉞糖尿病預防與治療	藤田順豐著	180元
㉟維他命長生寶典	菅原明子著	180元
㊱維他命C新效果	鐘文訓編	150元
㊲手、腳病理按摩	堤芳朗著	160元
㊳AIDS瞭解與預防	彼得塔歇爾著	180元
㊴甲殼質殼聚糖健康法	沈永嘉譯	160元
㊵神經痛預防與治療	木下眞男著	160元
㊶室內身體鍛鍊法	陳炳崑編著	160元
㊷吃出健康藥膳	劉大器編著	180元
㊸自我指壓術	蘇燕謀編著	160元
㊹紅蘿蔔汁斷食療法	李玉瓊編著	150元
㊺洗心術健康秘法	竺翠萍編譯	170元
㊻枇杷葉健康療法	柯素娥編譯	180元
㊼抗衰血癒	楊啟宏著	180元
㊽與癌搏鬥記	逸見政孝著	180元
㊾冬蟲夏草長生寶典	高橋義博著	170元
㊿痔瘡・大腸疾病先端療法	宮島伸宜著	180元
51膠布治癒頑固慢性病	加瀨建造著	180元
52芝麻神奇健康法	小林貞作著	170元
53香煙能防止癡呆？	高田明和著	180元
54穀菜食治癌療法	佐藤成志著	180元
55貼藥健康法	松原英多著	180元
56克服癌症調和道呼吸法	帶津良一著	180元
57Ｂ型肝炎預防與治療	野村喜重郎著	180元
58青春永駐養生導引術	早島正雄著	180元
59改變呼吸法創造健康	原久子著	180元
60荷爾蒙平衡養生秘訣	出村博著	180元
61水美肌健康法	井戶勝富著	170元
62認識食物掌握健康	廖梅珠編著	170元
63痛風劇痛消除法	鈴木吉彥著	180元
64酸莖菌驚人療效	上田明彥著	180元
65大豆卵磷脂治現代病	神津健一著	200元
66時辰療法——危險時刻凌晨4時	呂建強等著	180元
67自然治癒力提升法	帶津良一著	180元
68巧妙的氣保健法	藤平墨子著	180元
69治癒Ｃ型肝炎	熊田博光著	180元

⑩肝臟病預防與治療	劉名揚編著	180元
⑪腰痛平衡療法	荒井政信著	180元
⑫根治多汗症、狐臭	稻葉益巳著	220元
⑬40歲以後的骨質疏鬆症	沈永嘉譯	180元
⑭認識中藥	松下一成著	180元
⑮認識氣的科學	佐佐木茂美著	180元
⑯我戰勝了癌症	安田伸著	180元
⑰斑點是身心的危險信號	中野進著	180元
⑱艾波拉病毒大震撼	玉川重德著	180元
⑲重新還我黑髮	桑名隆一郎著	180元
⑳身體節律與健康	林博史著	180元
㉑生薑治萬病	石原結實著	180元

•實用女性學講座•電腦編號 19

①解讀女性內心世界	島田一男著	150元
②塑造成熟的女性	島田一男著	150元
③女性整體裝扮學	黃靜香編著	180元
④女性應對禮儀	黃靜香編著	180元
⑤女性婚前必修	小野十傳著	200元
⑥徹底瞭解女人	田口二州著	180元
⑦拆穿女性謊言88招	島田一男著	200元
⑧解讀女人心	島田一男著	200元

•校 園 系 列•電腦編號 20

①讀書集中術	多湖輝著	150元
②應考的訣竅	多湖輝著	150元
③輕鬆讀書贏得聯考	多湖輝著	150元
④讀書記憶秘訣	多湖輝著	150元
⑤視力恢復！超速讀術	江錦雲譯	180元
⑥讀書36計	黃柏松編著	180元
⑦驚人的速讀術	鐘文訓編著	170元
⑧學生課業輔導良方	多湖輝著	180元
⑨超速讀超記憶法	廖松濤編著	180元
⑩速算解題技巧	宋釗宜編著	200元
⑪看圖學英文	陳炳崑編著	200元

•實用心理學講座•電腦編號 21

①拆穿欺騙伎倆	多湖輝著	140元

②創造好構想	多湖輝著	140元
③面對面心理術	多湖輝著	160元
④偽裝心理術	多湖輝著	140元
⑤透視人性弱點	多湖輝著	140元
⑥自我表現術	多湖輝著	180元
⑦不可思議的人性心理	多湖輝著	150元
⑧催眠術入門	多湖輝著	150元
⑨責罵部屬的藝術	多湖輝著	150元
⑩精神力	多湖輝著	150元
⑪厚黑說服術	多湖輝著	150元
⑫集中力	多湖輝著	150元
⑬構想力	多湖輝著	150元
⑭深層心理術	多湖輝著	160元
⑮深層語言術	多湖輝著	160元
⑯深層說服術	多湖輝著	180元
⑰掌握潛在心理	多湖輝著	160元
⑱洞悉心理陷阱	多湖輝著	180元
⑲解讀金錢心理	多湖輝著	180元
⑳拆穿語言圈套	多湖輝著	180元
㉑語言的內心玄機	多湖輝著	180元

• 超現實心理講座 • 電腦編號 22

①超意識覺醒法	詹蔚芬編譯	130元
②護摩秘法與人生	劉名揚編譯	130元
③秘法！超級仙術入門	陸　明譯	150元
④給地球人的訊息	柯素娥編著	150元
⑤密教的神通力	劉名揚編著	130元
⑥神秘奇妙的世界	平川陽一著	180元
⑦地球文明的超革命	吳秋嬌譯	200元
⑧力量石的秘密	吳秋嬌譯	180元
⑨超能力的靈異世界	馬小莉譯	200元
⑩逃離地球毀滅的命運	吳秋嬌譯	200元
⑪宇宙與地球終結之謎	南山宏著	200元
⑫驚世奇功揭秘	傅起鳳著	200元
⑬啟發身心潛力心象訓練法	栗田昌裕著	180元
⑭仙道術遁甲法	高藤聰一郎著	220元
⑮神通力的秘密	中岡俊哉著	180元
⑯仙人成仙術	高藤聰一郎著	200元
⑰仙道符咒氣功法	高藤聰一郎著	220元
⑱仙道風水術尋龍法	高藤聰一郎著	200元

⑲仙道奇蹟超幻像　高藤聰一郎著　200元
⑳仙道鍊金術房中法　高藤聰一郎著　200元
㉑奇蹟超醫療治癒難病　深野一幸著　220元
㉒揭開月球的神秘力量　超科學研究會　180元
㉓西藏密教奧義　高藤聰一郎著　250元

・養 生 保 健・電腦編號 23

①醫療養生氣功　黃孝寬著　250元
②中國氣功圖譜　余功保著　230元
③少林醫療氣功精粹　井玉蘭著　250元
④龍形實用氣功　吳大才等著　220元
⑤魚戲增視強身氣功　宮　嬰著　220元
⑥嚴新氣功　前新培金著　250元
⑦道家玄牝氣功　張　章著　200元
⑧仙家秘傳袪病功　李遠國著　160元
⑨少林十大健身功　秦慶豐著　180元
⑩中國自控氣功　張明武著　250元
⑪醫療防癌氣功　黃孝寬著　250元
⑫醫療強身氣功　黃孝寬著　250元
⑬醫療點穴氣功　黃孝寬著　250元
⑭中國八卦如意功　趙維漢著　180元
⑮正宗馬禮堂養氣功　馬禮堂著　420元
⑯秘傳道家筋經內丹功　王慶餘著　280元
⑰三元開慧功　辛桂林著　250元
⑱防癌治癌新氣功　郭　林著　180元
⑲禪定與佛家氣功修煉　劉天君著　200元
⑳顚倒之術　梅自強著　360元
㉑簡明氣功辭典　吳家駿編　360元
㉒八卦三合功　張全亮著　230元
㉓朱砂掌健身養生功　楊　永著　250元
㉔抗老功　陳九鶴著　230元

・社會人智囊・電腦編號 24

①糾紛談判術　清水增三著　160元
②創造關鍵術　淺野八郎著　150元
③觀人術　淺野八郎著　180元
④應急詭辯術　廖英迪編著　160元
⑤天才家學習術　木原武一著　160元
⑥猫型狗式鑑人術　淺野八郎著　180元

⑦逆轉運掌握術	淺野八郎著	180元
⑧人際圓融術	澀谷昌三著	160元
⑨解讀人心術	淺野八郎著	180元
⑩與上司水乳交融術	秋元隆司著	180元
⑪男女心態定律	小田晉著	180元
⑫幽默說話術	林振輝編著	200元
⑬人能信賴幾分	淺野八郎著	180元
⑭我一定能成功	李玉瓊譯	180元
⑮獻給青年的嘉言	陳蒼杰譯	180元
⑯知人、知面、知其心	林振輝編著	180元
⑰塑造堅強的個性	坂上肇著	180元
⑱爲自己而活	佐藤綾子著	180元
⑲未來十年與愉快生活有約	船井幸雄著	180元
⑳超級銷售話術	杜秀卿譯	180元
㉑感性培育術	黃靜香編著	180元
㉒公司新鮮人的禮儀規範	蔡媛惠譯	180元
㉓傑出職員鍛錬術	佐佐木正著	180元
㉔面談獲勝戰略	李芳黛譯	180元
㉕金玉良言撼人心	森純大著	180元
㉖男女幽默趣典	劉華亭編著	180元
㉗機智說話術	劉華亭編著	180元
㉘心理諮商室	柯素娥譯	180元
㉙如何在公司頭角崢嶸	佐佐木正著	180元
㉚機智應對術	李玉瓊編著	200元
㉛克服低潮良方	坂野雄二著	180元
㉜智慧型說話技巧	沈永嘉編著	元
㉝記憶力、集中力增進術	廖松濤編著	180元

・精 選 系 列・電腦編號 25

①毛澤東與鄧小平	渡邊利夫等著	280元
②中國大崩裂	江戶介雄著	180元
③台灣・亞洲奇蹟	上村幸治著	220元
④7-ELEVEN高盈收策略	國友隆一著	180元
⑤台灣獨立	森　詠著	200元
⑥迷失中國的末路	江戶雄介著	220元
⑦2000年5月全世界毀滅	紫藤甲子男著	180元
⑧失去鄧小平的中國	小島朋之著	220元
⑨世界史爭議性異人傳	桐生操著	200元
⑩淨化心靈享人生	松濤弘道著	220元
⑪人生心情診斷	賴藤和寛著	220元

⑫中美大決戰	檜山良昭著	220元

・運 動 遊 戲・電腦編號 26

①雙人運動	李玉瓊譯	160元
②愉快的跳繩運動	廖玉山譯	180元
③運動會項目精選	王佑京譯	150元
④肋木運動	廖玉山譯	150元
⑤測力運動	王佑宗譯	150元

・休 閒 娛 樂・電腦編號 27

①海水魚飼養法	田中智浩著	300元
②金魚飼養法	曾雪玫譯	250元
③熱門海水魚	毛利匡明著	480元
④愛犬的教養與訓練	池田好雄著	250元

・銀髮族智慧學・電腦編號 28

①銀髮六十樂逍遙	多湖輝著	170元
②人生六十反年輕	多湖輝著	170元
③六十歲的決斷	多湖輝著	170元

・飲 食 保 健・電腦編號 29

①自己製作健康茶	大海淳著	220元
②好吃、具藥效茶料理	德永睦子著	220元
③改善慢性病健康藥草茶	吳秋嬌譯	200元
④藥酒與健康果菜汁	成玉編著	250元

・家庭醫學保健・電腦編號 30

①女性醫學大全	雨森良彥著	380元
②初爲人父育兒寶典	小瀧周曹著	220元
③性活力強健法	相建華著	220元
④30歲以上的懷孕與生產	李芳黛編著	220元
⑤舒適的女性更年期	野末悅子著	200元
⑥夫妻前戲的技巧	笠井寬司著	200元
⑦病理足穴按摩	金慧明著	220元
⑧爸爸的更年期	河野孝旺著	200元
⑨橡皮帶健康法	山田晶著	200元

⑩33天健美減肥	相建華等著	180元
⑪男性健美入門	孫玉祿編著	180元
⑫強化肝臟秘訣	主婦の友社編	200元
⑬了解藥物副作用	張果馨譯	200元
⑭女性醫學小百科	松山榮吉著	200元
⑮左轉健康秘訣	龜田修等著	200元
⑯實用天然藥物	鄭炳全編著	260元
⑰神秘無痛平衡療法	林宗駛著	180元
⑱膝蓋健康法	張果馨譯	180元

・心 靈 雅 集・電腦編號 00

①禪言佛語看人生	松濤弘道著	180元
②禪密教的奧秘	葉逯謙譯	120元
③觀音大法力	田口日勝著	120元
④觀音法力的大功德	田口日勝著	120元
⑤達摩禪106智慧	劉華亭編譯	220元
⑥有趣的佛教研究	葉逯謙編譯	170元
⑦夢的開運法	蕭京凌譯	130元
⑧禪學智慧	柯素娥編譯	130元
⑨女性佛教入門	許俐萍譯	110元
⑩佛像小百科	心靈雅集編譯組	130元
⑪佛教小百科趣談	心靈雅集編譯組	120元
⑫佛教小百科漫談	心靈雅集編譯組	150元
⑬佛教知識小百科	心靈雅集編譯組	150元
⑭佛學名言智慧	松濤弘道著	220元
⑮釋迦名言智慧	松濤弘道著	220元
⑯活人禪	平田精耕著	120元
⑰坐禪入門	柯素娥編譯	150元
⑱現代禪悟	柯素娥編譯	130元
⑲道元禪師語錄	心靈雅集編譯組	130元
⑳佛學經典指南	心靈雅集編譯組	130元
㉑何謂「生」　阿含經	心靈雅集編譯組	150元
㉒一切皆空　般若心經	心靈雅集編譯組	150元
㉓超越迷惘　法句經	心靈雅集編譯組	130元
㉔開拓宇宙觀　華嚴經	心靈雅集編譯組	180元
㉕真實之道　法華經	心靈雅集編譯組	130元
㉖自由自在　涅槃經	心靈雅集編譯組	130元
㉗沈默的教示　維摩經	心靈雅集編譯組	150元
㉘開通心眼　佛語佛戒	心靈雅集編譯組	130元
㉙揭秘寶庫　密教經典	心靈雅集編譯組	180元

㉚坐禪與養生	廖松濤譯	110元
㉛釋尊十戒	柯素娥編譯	120元
㉜佛法與神通	劉欣如編著	120元
㉝悟(正法眼藏的世界)	柯素娥編譯	120元
㉞只管打坐	劉欣如編著	120元
㉟喬答摩·佛陀傳	劉欣如編著	120元
㊱唐玄奘留學記	劉欣如編著	120元
㊲佛教的人生觀	劉欣如編譯	110元
㊳無門關(上卷)	心靈雅集編譯組	150元
㊴無門關(下卷)	心靈雅集編譯組	150元
㊵業的思想	劉欣如編著	130元
㊶佛法難學嗎	劉欣如著	140元
㊷佛法實用嗎	劉欣如著	140元
㊸佛法殊勝嗎	劉欣如著	140元
㊹因果報應法則	李常傳編	180元
㊺佛教醫學的奧秘	劉欣如編著	150元
㊻紅塵絕唱	海　若著	130元
㊼佛教生活風情	洪丕謨、姜玉珍著	220元
㊽行住坐臥有佛法	劉欣如著	160元
㊾起心動念是佛法	劉欣如著	160元
㊿四字禪語	曹洞宗青年會	200元
(51)妙法蓮華經	劉欣如編著	160元
(52)根本佛教與大乘佛教	葉作森編	180元
(53)大乘佛經	定方晟著	180元
(54)須彌山與極樂世界	定方晟著	180元
(55)阿闍世的悟道	定方晟著	180元
(56)金剛經的生活智慧	劉欣如著	180元

·經 營 管 理· 電腦編號 01

◎創新經營管理六十六大計(精)	蔡弘文編	780元
①如何獲取生意情報	蘇燕謀譯	110元
②經濟常識問答	蘇燕謀譯	130元
④台灣商戰風雲錄	陳中雄著	120元
⑤推銷大王秘錄	原一平著	180元
⑥新創意·賺大錢	王家成譯	90元
⑦工廠管理新手法	琪　輝著	120元
⑨經營參謀	柯順隆譯	120元
⑩美國實業24小時	柯順隆譯	80元
⑪撼動人心的推銷法	原一平著	150元
⑫高竿經營法	蔡弘文編	120元

⑬如何掌握顧客	柯順隆譯	150元
⑭一等一賺錢策略	蔡弘文編	120元
⑯成功經營妙方	鐘文訓著	120元
⑰一流的管理	蔡弘文編	150元
⑱外國人看中韓經濟	劉華亭譯	150元
⑳突破商場人際學	林振輝編著	90元
㉑無中生有術	琪輝編著	140元
㉒如何使女人打開錢包	林振輝編著	100元
㉓操縱上司術	邑井操著	90元
㉔小公司經營策略	王嘉誠著	160元
㉕成功的會議技巧	鐘文訓編譯	100元
㉖新時代老闆學	黃柏松編著	100元
㉗如何創造商場智囊團	林振輝編譯	150元
㉘十分鐘推銷術	林振輝編譯	180元
㉙五分鐘育才	黃柏松編譯	100元
㉚成功商場戰術	陸明編譯	100元
㉛商場談話技巧	劉華亭編譯	120元
㉜企業帝王學	鐘文訓譯	90元
㉝自我經濟學	廖松濤編譯	100元
㉞一流的經營	陶田生編著	120元
㉟女性職員管理術	王昭國編譯	120元
㊱ＩＢＭ的人事管理	鐘文訓編譯	150元
㊲現代電腦常識	王昭國編譯	150元
㊳電腦管理的危機	鐘文訓編譯	120元
㊴如何發揮廣告效果	王昭國編譯	150元
㊵最新管理技巧	王昭國編譯	150元
㊶一流推銷術	廖松濤編譯	150元
㊷包裝與促銷技巧	王昭國編譯	130元
㊸企業王國指揮塔	松下幸之助著	120元
㊹企業精銳兵團	松下幸之助著	120元
㊺企業人事管理	松下幸之助著	100元
㊻華僑經商致富術	廖松濤編譯	130元
㊼豐田式銷售技巧	廖松濤編譯	180元
㊽如何掌握銷售技巧	王昭國編著	130元
㊿洞燭機先的經營	鐘文訓編譯	150元
52新世紀的服務業	鐘文訓編譯	100元
53成功的領導者	廖松濤編譯	120元
54女推銷員成功術	李玉瓊編譯	130元
55ＩＢＭ人才培育術	鐘文訓編譯	100元
56企業人自我突破法	黃琪輝編著	150元
58財富開發術	蔡弘文編著	130元

國家圖書館出版品預行編目資料

解讀女人心／島田一男著，李芳黛譯
—初版—臺北市，大展，民86
面；　公分——（實用女性學講座；8）
譯自：女心の読み方
ISBN957-557-755 –8 (平裝)

1. 婦女——心理方面
173.4　　　　86010391

原 書 名：女心の読み方
原著作者：島田一男 ©Kazuo Shimada 1976.
原出版者：株式会社　ごま書房
版權仲介：宏儒企業有限公司

解讀女人心

ISBN 957-557-755-8

原 著 者／島田一男
編 譯 者／李芳黛
發 行 人／蔡森明
出 版 者／大展出版社有限公司
社　　址／台北市北投區（石牌）致遠一路二段12巷1號
電　　話／(02) 8236031・8236033
傳　　眞／(02) 8272069
郵政劃撥／0166955－1
登 記 證／局版臺業字第2171號
承 印 者／高星企業有限公司
裝　　訂／日新裝訂所
排 版 者／千兵企業有限公司
電　　話／(02) 8812643
初版1刷／1997年（民86年） 8月

定　價／200元

大展好書 好書大展

大展好書 好書大展